W0181449

Der Gote
Die 50 besten Restaurants
in Köln und Umgebung

Inhalt

Toll und Teuer

Register

Vorwort

Der Besuch eines Restaurants ist für mich eine Frage der Lust – auf gutes Essen und guten Wein. Diese Lust ist immer dieselbe, egal, ob ich in ein Luxusrestaurant gehe oder in ein einfaches Gasthaus. Ich esse genauso gern Steinbutt oder Bresse-Huhn mit Silberbesteck wie Pasta oder Linsensuppe vom einfachen Geschirr, wenn die Qualität der Produkte stimmt und sie sorgfältig zubereitet sind. Wofür ich mich jeweils entscheide, ist eine Frage der Stimmung und des Geldes, das ich ausgeben will.

Neben meinen Ansprüchen an die Qualität des Essens und die Freundlichkeit des Service lege ich allerdings auch immer Wert darauf, dass die Preise angemessen sind. Verwechseln Sie preis-wert im Wortsinn aber nicht mit billig – für 5 Euro bekommen Sie eben nur ein banales Fastfood-Menü, aber kein gutes Schnitzel, und für 20 Euro können Sie zwar guten Fisch, aber eben keinen bretonischen Hummer erwarten. Insofern ist dieses Buch auch ein energisches Plädoyer dafür, nicht ausgerechnet dann zu sparen, wenn es um Restaurantbesuche geht, ganz gleich, in welcher Kategorie Sie essen wollen.

In diesem Sinne kann ich alle 50 Kölner Restaurants, die Sie hier finden, sehr empfehlen, weil es meiner Ansicht nach die besten in einer der drei Kategorien sind, in die das Buch unterteilt ist. Darüber hinaus halte ich Sie in meiner ständigen Kolumne im Magazin des »Kölner Stadt-Anzeiger« (www.ksta.de), die jeden Freitag erscheint, weiterhin aktuell auf dem Laufenden. Wie in der Kolumne habe ich für dieses Buch so präzise wie möglich aufgeschrieben, was ich erlebt und geschmeckt habe, und natürlich kann ich nur dafür die Verantwortung übernehmen. Auf das, was Sie selbst bei Ihrem Restaurantbesuch erleben werden, habe ich keinen Einfluss. Die Wahrheit liegt immer auf Ihrem Teller.

Helmut Gote

Nützliche Hinweise

Die Kapitel
Die Restaurants sind nach drei Kapiteln geordnet.

Im Kapitel **Lust und Laune** stehen weitgehend Gasthäuser und Restaurants, in denen es locker zugeht und Sie für relativ wenig Geld gut essen können. Die ausländischen darunter vermitteln neben der typischen Küche auch den Charakter ihres Heimatlandes; die deutschen Gasthäuser zeigen, wie unsere Hausmannskost einfach gut schmecken kann, wenn sie frisch und sorgfältig zubereitet wird. Insgesamt ergeben die Restaurants in diesem Kapitel ein ziemlich buntes gastronomisches Puzzle mit zum Teil sehr originellem Flair.

Im Kapitel **Gut und Gerne** finden Sie Restaurants, die in Bezug auf Produktqualität, Service und Ambiente schon gehobene Ansprüche erfüllen und oft eine gute Weinauswahl anbieten. Auch wenn sie in diesem Buch in der mittleren Kategorie stehen, liegen sie im Vergleich zur allgemeinen Kölner Gastronomieszene qualitativ deutlich über dem Durchschnitt und sind auf der nach oben offenen Feinschmecker-Skala immer wieder für eine besondere Überraschung gut.

Das Kapitel **Toll und Teuer** können Sie wörtlich nehmen: Hier sind die Restaurants versammelt, in denen alles erstklassig ist. Sie zählen nicht nur zu den allerbesten in Köln, sondern auch zur gesamtdeutschen Spitzenklasse. Hier kostet ein Essen natürlich viel Geld, aber wenn Sie einmal erleben wollen, was heutzutage kulinarisch auf hohem bis höchstem Niveau möglich ist, dann sind Sie bei diesen Restaurants an der richtigen Adresse.

Suchen und Finden

In den einzelnen Kapiteln sind die Restaurants alphabetisch geordnet. Am Ende des Buches finden Sie drei verschiedene Register: Das erste führt alle Restaurants alphabetisch nach Namen auf, das zweite nach Stadtteilen, und das dritte beinhaltet die Restaurants, die auch mittags geöffnet sind. Genaue Wegbeschreibungen stehen oft auf den Internetseiten der Betriebe.

Serviceinformationen

Alle Serviceinformationen wurden kurz vor Redaktionsschluss im Juni 2008 noch einmal überprüft, allerdings können sich die aufgeführten Preise und Öffnungszeiten natürlich ändern, und auch Restaurantbesitzer machen gelegentlich Urlaub. Für nähere Informationen sind die Telefonnummern und – sofern vorhanden – die Internetadressen angegeben.

Ob eine Reservierung ratsam oder erforderlich ist, kommt auf das jeweilige Restaurant an. Gute Restaurants sind oft und vor allem am Wochenende gut besucht, sodass Sie grundsätzlich reservieren sollten, wenn Sie sichergehen wollen, einen Tisch zu bekommen – vor allem in den Spitzenrestaurants.

Die Restaurants, die im Sommer Tische draußen haben, sind mit einer kleinen Sonne gekennzeichnet.

Lust und Laune

A Caravela

Weyerstraße 61
Telefon 24 54 83
So – Fr 12 – 15 und 18 – 24 Uhr, Sa 18 – 24 Uhr

Vorspeisen ab 4,50
Hauptgerichte ab 10,50
Visa, MasterCard, American Express,
Diners Club, Ec-cash

Schon die Einrichtung dieses Restaurants wirkt so selbstverständlich portugiesisch, als ob es nicht in Köln, sondern
irgendwo in Portugal betrieben würde. Ebenso selbstverständlich tragen der Inhaber Carlos Semoef-Meda und sein
Kellner die typische Kleidung ihrer Landsleute aus Nazaré,
einem Küstenort nördlich von Lissabon, während sie ihre
Gäste persönlich, freundlich und sehr zuvorkommend be-
dienen: schwarze Hosen mit schwarzen Schärpen um den
Bauch, weiße Hemden und krawattenähnliche Tücher unter
dem offenen Hemdkragen. Hinter der langen, massiven
Holztheke füllt Marie-Helena Meda, die Frau des Chefs, die
Hausweine ohne Umschweife aus großen, bauchigen Korb-
flaschen in die Tonkrüge. Besonders die weißen wie der
Vinho Verde sind als Aperitif gar nicht mal schlecht, aber
man bekommt auch preiswerte Flaschenweine, mit denen
sich problemlos der ganze Abend verbringen lässt.

Es gibt viele typisch portugiesische Gerichte aus frischen
Zutaten, die insgesamt eher einfach als raffiniert zubereitet
sind, aber viel Spaß machen. Zum Beispiel die Kartoffelsuppe mit wildem Grünkohl, die mit fein gehackten Zwiebeln, Knoblauch, Olivenöl und viel Zitronensaft marinierten
Sardinenfilets, die ähnlich zubereiteten Venusmuscheln
oder die frittierten Stockfischbällchen mit Petersilie. Unter

den Hauptgängen, die in ziemlich großen Portionen serviert werden, sind vier verschiedene Stockfischgerichte. Meine Variante kam mit hausgemachten großen Fritten, darauf lag ein dickes Stück des getrockneten und gesalzenen Kabeljaus (natürlich vor dem Kochen wieder gewässert) und darüber ein Berg von Rührei mit Kräutern – ungewohnt, aber sehr gelungen. Auch der gegrillte Peixe-espada, ein seltener Fisch aus den Tiefen des Atlantik mit sehr aromatischem Fleisch, ist einen Versuch wert. Die mit ihren in Stücke geschnittenen Tentakeln und frischen Kräutern gefüllten Sepie waren superzart, und das plattgedrückte ganze Maishähnchen aus der Grillpfanne, mit scharfer, tabascoähnlicher Piripiri-Würze abgeschmeckt, war rundum saftig geblieben.

Gemüse spielt in der portugiesischen Küche offenbar keine große Rolle, zu allen Gerichten gab es die hausgemachten Fritten als Beilage – das ist mir aber erst beim Schreiben aufgefallen, während des Essens habe ich nichts vermisst. Und dass wir viel länger geblieben sind als üblicherweise nach einem Testessen, liegt vielleicht auch am schön-melancholischen Fado als Hintergrundmusik, ganz sicher aber an der selbstverständlichen Gastfreundlichkeit der Portugiesen.

Alcazar

Bismarckstraße 39a
Telefon 51 57 33
www.alcazar-koeln.de
Mo – Fr 12 – 14.15 und 18 – 23.30 Uhr
Sa 18 – 23.30 Uhr, So 17 – 23 Uhr

Vorspeisen ab 4
Hauptgerichte ab 8,50
ausschließlich Barzahlung

Wenn das Wort »Institution« nicht so behäbig klingen würde, wäre es durchaus ein passender Ausdruck für das Alcazar, das auch nach fast 20 Jahren nichts von seinem lockeren und leicht links-freakig angehauchten Charme verloren hat. Wie zu den Gründungszeiten der damalig neuen Betreiber dieser alten Kölner Traditionsadresse gelten hier nach wie vor die Grundregeln einer gastfreundlichen Kneipe sui generis, in der man nett bedient wird, gutes Essen zu vernünftigen Preisen bekommt und sich einfach immer wohlfühlt. Das Ambiente hat schon leichte Patina angesetzt, wie auch die langjährigen Servicemitarbeiter und die Stammgäste, die hier den größten Teil des Publikums ausmachen. Und um erst gar keine falschen Deutungen aufkommen zu lassen, beziehe ich das mit der Patina auch ausdrücklich auf mich. Doch das gilt nicht im Geringsten für die Köche: Ihre Art zu kochen ist die moderne Weiterentwicklung gutbürgerlicher Küche.

Bei den Hauptgerichten punkten sie mit hervorragenden Königsberger Klopsen zu guten Salzkartoffeln oder mit saftig-zartem Schweinefilet zu sehr gelungenen Spinat-Ricotta-Klößchen und frischem Salbei. Die Salate sind immer groß und einwandfrei mit ordentlicher Vinaigrette abgeschmeckt, alles ist eindeutig und oft mit frischen Kräutern gewürzt.

Wie bei der klassischen Grünen Sauce zu hartgekochten Eiern und Pellkartoffeln, bei der geschnetzelten Kalbsleber mit viel frischem Thymian zu den al dente gekochten Tagliatelle oder beim cremigen Auberginenmus mit Kreuzkümmel. Gut, manchmal geraten die Schmorgerichte wie das halbe Perlhuhn und damit auch seine Sauce in der Hitze des Gefechts etwas zu dunkel, oder die Proportionen einer Vorspeise wie beim gewagten, aber eigentlich interessanten Salat von Oktopus mit Mango und zu viel frischem Koriander stimmen nicht ganz. Aber das fällt kaum ins Gewicht, weil ansonsten alles passt.

Dass es sogar ordentliche Weine gibt wie den Bio-Weißwein aus Südfrankreich und einen noch besseren roten La Clape, habe ich früher gar nicht bemerkt, als ich hier noch ausschließlich Kölsch trank. Da war außerdem die Luft zum Schneiden, weil alle noch gerne und viel rauchten. Und deshalb gehört das zeitgemäße Rauchverbot seit dem 1. Juli zu den dankenswerten Neuerungen, die der schönen Patina keineswegs schaden.

Bobotie

Marsilstein 9 – 13
Telefon 20 54 478
www.bobotie.de
So – Do 18 – 23 Uhr, Fr/Sa 18 – 23.30 Uhr

Vorspeisen ab 4,30
Hauptgerichte ab 12,90
Ec-cash

Selten ist es mir beim Schreiben einer Restaurantkritik vor lauter Begeisterung so schwergefallen, noch einigermaßen sachlich zu bleiben, wie beim Bobotie. Dieses mit vielen sinnlichen Elementen modern gestylte Restaurant, zu dem die englische Bezeichnung »South African Lounge And Dining Room« tatsächlich viel besser passt als ein nüchterner deutscher Ausdruck, ist für mich nach wie vor die aufregendste Neueröffnung der letzten Jahre. Der Kapstädter Paul Stern, ehemaliger Opernregisseur, und der Teheraner Shahram Golestani, gelernter Architekt, haben hier ihre Vorstellungen internationaler Großstadtgastronomie inszeniert. Die Wände des Restaurantbereichs sind mit erdfarbenem Lehm rau verputzt, unterbrochen von dezent beleuchteten Nischen, in denen sich Masken und andere traditionelle afrikanische Utensilien befinden. Die insgesamt in gedeckten Ocker-Beige-Braun-Farben gehaltene Einrichtung wird von bunten Farbtönen aufgelockert, und obwohl der ganze Raum relativ dunkel wirkt, sind die Tische gut genug ausgeleuchtet, um die Speisekarte lesen zu können. Die beinhaltet einen Streifzug durch die südafrikanische Küche, wie man sie heutzutage in Kapstadt bekommt: Gerichte, die von den landesüblichen Kochtraditionen ebenso beeinflusst sind wie von den europäischen, indischen und anderen asiatischen Ein-

wanderern. Ein sehr gelungenes Beispiel dafür ist das Potje of the day, ein täglich wechselndes Ragout, serviert in gusseisernen Töpfchen, die wie fast das gesamte Geschirr aus Südafrika stammen. Meine Version war indonesisch inspiriertes, pikant-aromatisches Curry mit Kartoffeln und superzartem Fleisch von der Oryx, einer afrikanischen Antilopenart. Aber auch die hausgemachte traditionelle Bratwurst, unter anderem mit Koriander und Nelken gewürzt, ist eine ungewöhnliche Spezialität. Dazu gibt es knusprige Maisplätzchen und Chakalaka-Sauce – eine Mischung aus Sambal und Chutney mit gedünsteten Zwiebeln. Oder Sie starten mit Fischfrikadellen und süßsaurer Tamarindensauce oder knusprigen Gemüseteigtaschen. Auch alles andere, was Paul Stern aus seiner Küche schickt, ist durchweg auf den Punkt gegart und hervorragend abgeschmeckt, wie der mit Kudu-Ragout gefüllte Pie. Die preiswerten südafrikanischen Weine sollten Sie schon deswegen probieren, weil sie sehr typisch für die Region rund um das Kap sind. Dass man außerdem allen Beteiligten an der Bar und im Service ihre eigene Begeisterung für dieses gastronomische Kleinkunstwerk deutlich anmerkt, macht aus der sowieso schon sehr guten Laune endgültig ein Rundum-Wohlbefinden. Junge, Junge, ist das ein Vergnügen hier!

Cheshmeh

Zeughausstraße 24
Telefon 17 93 37 41
www.cheshmeh.de
Di – Do 18 – 24 Uhr, Fr/Sa und Feiertage 18 – 1 Uhr,
So 18 – 23 Uhr, Mo Ruhetag

Vorspeisen ab 5
Hauptgerichte ab 8,50
Visa, Ec-cash

So sieht also ein persischer Familienbetrieb aus: überall orientalische Teppiche, die den Schall regelrecht verschlucken, teppichähnliche Decken auf den Tischen, großzügige Separees mit einladenden Polstern auf Sitzpodesten, eine künstlich angelegte, leise plätschernde Quelle, echte Palmen, schwere, bunte Kronleuchter – und auf der langen Theke kurz hinter dem Eingangsbereich stehen die Wasserpfeifen aufgereiht. Die Entscheidung, ob man nun auf Stühlen oder auf gepolsterten Podesten sitzen will, hängt natürlich auch von der eigenen Bekleidung ab: Röcke sind absolut ungeeignet, enge Hosen auch, und wie man den Zustand seiner Strümpfe und Socken einschätzt, sollte man sich besser überlegen, bevor man die Schuhe ausziehen muss. Wenn die Bandscheibe noch einigermaßen mitmacht, sind die Sitzpodeste mit den flachen Tischen eindeutig die gemütlichere Wahl, die allerdings wegen der entspannten Atmosphäre unwillkürlich zum Herumlümmeln einlädt.

Da alle Gerichte frisch zubereitet werden und generell eher zurückhaltend gewürzt sind, brauchen Sie nicht besonders mutig zu sein – Neugier genügt. Der Cheshmeh-Käseteller ist eine Mischung aus vier verschiedenen Frischkäsecremes, die unterschiedlich pikant, scharf oder mit einer dezent würzigen Minze abgeschmeckt sind, die in vielen Ge-

richten auftaucht. Der knackige Bulgur-Salat mit Tomaten-
mark und Gurken, Oliven und viel Petersilie ist schlicht und
lecker, der üppig-cremige Joghurt mit geraspelten Salat-
gurken, kleinen Rosinen und geriebenen Walnüssen eine
Kombination, die kaum süß wirkt, und zusammen mit dem
dünnen Fladenbrot, das zu allen Gängen serviert wird, eine
stimmige Beilage. Die Hauptgerichte: Hähnchenfleisch in
einer dunklen, süßsauren Sauce aus Walnüssen und Granat-
apfelmark, zartes Lammfleisch mit hellen, ziemlich süßen
persischen Pflaumen und gedünstetem Blattspinat und
knusprige Hühnerkeule mit fruchtigen Berberitzen.

Zum Schluss sollten Sie noch die sehr süße türkische Baklava mit dezent rosenwasseraromatisiertem Pistazienmus
versuchen. Vor den in Rosenwasser getränkten und dann
geeisten Glasnudeln hat mein europäisch sozialisierter Ge-
schmackssinn allerdings sofort kapituliert – einfach zu viel
Parfüm. Aber insgesamt ist der gastronomische Orient auch
wegen der sehr freundlichen Gastgeber und der gelassenen
Gemütlichkeit den Besuch wert.

El Inca

Görresstraße 2
Telefon 24 55 03, tagsüber 0177 – 2794224
www.el-inca.de
täglich 18 – 24 Uhr

Vorspeisen ab 3,80
Hauptgerichte ab 9
Visa, MasterCard, American Express, Diners Club, Ec-cash

Bis zu meinen Besuchen in diesem lateinamerikanischen Restaurant konnte ich mir nur wenig unter den landesüblichen Spezialitäten vorstellen. Das hat sich allerdings gründlich geändert, seit ich mich durch die Speisekarte des typisch bunt und verspielt ausstaffierten Kellerrestaurants gegessen habe. Danach war ich erst einmal ziemlich baff: nicht nur, weil sich diese Küche sehr deutlich von den üblichen mexikanischen Tex-Mex-Nacho-Tortilla-Guacamole-Läden unterscheidet, sondern auch, weil die Peruaner und Kolumbianer hier einfach sehr außergewöhnlich und sorgfältig kochen.

Das frittierte Kartoffelpüree von der Größe einer Backofenkartoffel ist mit Rinderhackfleisch, Rosinen und Olivenringen gefüllt und so kräftig wie präzise abgeschmeckt – nichts schmeckt vor. Noch interessanter fand ich die im großen Bananenblatt gedämpfte Teigtasche aus grobem Maismehl, die mit deutlich nach Kreuzkümmel schmeckendem Rinder- und Hühnchengehacktem gefüllt war. Gut, es gibt auch Vorspeisen, bei denen ich nicht beurteilen kann, ob das nun richtig zubereitet war oder dem Koch nur der Zitronensaft ausrutschte, wie beim pikanten Seelachsfilet in Stücken mit Garnelen, Sepia und frischem Koriander. Das war jedenfalls so sauer, dass ich um mein Zahnfleisch fürchtete. Aber nicht bei der Combinación Don Jorge aus einem saftig

gegrillten Rumpsteak, ragoutgefülltem Taco, Rindfleischspieß und einer umwerfenden Sauce von der scharfen, getrockneten Chipotle-Paprikaschote, die einen geräucherten Unterton hat.

Geht's noch abgefahrener? Ja: mit den zwei Spießen mit ganz kurz gebratenen Stücken vom Rinderherzen, innen rosa und von sehr zartem Biss. Eine Delikatesse ersten Ranges, gekrönt von frittiertem Yuca (Maniokwurzel) sowie gebratenen Zwiebeln und Paprika. Nicht ganz so ungewöhnlich wirkt das auf den Punkt gebratene Seehechtfilet in dezenter Tequila-Sauce, auf dem ein Garnelenspieß mit Trockenpflaumen lag. Alles sind ziemlich große Portionen zu niedrigen Preisen, die auch für die erstaunliche Weinkarte gelten, besonders für die süffigen chilenischen Weißweine und den argentinischen Roten.

Der Service ist überaus gastfreundlich, und auch im Rückblick liegen über dem Lokal immer noch die sinnliche Stimmung und das warmherzige Lächeln der Südamerikaner.

Greencard

Neue Maastrichter Straße 2
Telefon 58 93 725
Di – Sa ab 19 Uhr, So/Mo Ruhetag

Vorspeisen ab 5
Hauptgerichte ab 20
ausschließlich Barzahlung

LUST UND LAUNE   BELGISCHES VIERTEL

Das kleine Restaurant mit dem schrägen Grundriss und den großen Fensterfronten am Brüsseler Platz ist ein Fall für sich. Es ist manchmal kommentarlos geschlossen, darum rufen Sie besser immer kurz vorher an. Und genau weiß ich bis heute nicht, ob das Ambiente nun absichtlich eine Art esoterisch angehauchtes Get-together bewirken soll oder einfach nur eine originelle Einrichtung mit beruhigender Wirkung ist. Diese entsteht unter anderem durch die stilsicher puristische Ausstattung mit den langen Holztischen und -bänken wie aus ehemaligen Baugerüsten, auf denen man wegen der weichen Sitzkissen und der Metallrohre zum Abstützen der Füße trotzdem bequem sitzt. Zudem tauchen die unterschiedlichen Lämpchen und die großen Kerzen in Glasvasen den Raum ab der Dämmerung in sehr stimmungsvolles Licht, und der originelle Deckenventilator mit den beiden roten Propellern sorgt an warmen Abenden für frische Luft. Entspannung hilft auch bei manchen Eigenarten des Lokals, denn der freundliche Service des Inhabers Michael Langer inklusive mancher Slapstick-Gags ist zwar ganz angenehm, aber nicht besonders professionell. Doch irgendwie passt das auch wieder zur Gesamtatmosphäre dieses ungewöhnlichen Restaurants mit seiner etwas skurrilen »eatterranian«-Devise.

Zu essen gibt es rund zehn Gerichte auf schlicht weißem Porzellan, die von der indonesischen Mitinhaberin Noni Siauw immer frisch zubereitet werden. Sie kocht tatsächlich »eurasisch«, indem sie oft asiatische und europäische Kochtraditionen mit außerordentlich geschmackssicherer Leichtigkeit fusioniert. Die Garzeiten, egal ob beim Fleisch, Geflügel oder Fisch, stimmen immer, die Saucen sind aromatisch fein abgestimmt. Die fruchtig-pikante Hoisinsauce mit Orangensaft harmonierte wunderbar mit den knackig-süßlichen Zuckerschoten zur saftigen Entenbrust und die unter anderem mit Zitronengras gewürzte Kokosmilchsauce rundete die Pasta mit Möhren, Staudensellerie, grünen Bohnen und vielen zarten Scampi präzise ab. Rosa gebratene Lammfilets waren mit hauchdünnen Limettenscheiben belegt und mit dünnen Ringen von roten Chilischoten gewürzt, dazu gab es kleine Kartoffeln in Korianderöl. Das Fischfilet von einem atlantischen Barsch schmeckte vorzüglich in Verbindung mit süßlicher Sojasauce und knackig gegartem Gemüse.

Die teilweise ziemlich forsch kalkulierten Preise können die Harmonie der Sinne manchmal zwar kurzzeitig beeinträchtigen, aber dafür entschädigt das nicht überzogene Preisniveau der guten Weine. Und die Tatsache, dass das Greencard für eine ganz eigene Restaurantkultur steht.

Kleine Glocke

Glockengasse 58 – 60
Telefon 258 95 17
www.kleineglocke.com
täglich ab 11.30 Uhr

Kleinigkeiten ab 3,90
Gerichte ab 7,50
Ec-cash

Dies ist die älteste Künstlerkneipe Kölns, mit rund 50 witzigen Karikaturen, Zeichnungen und komisch-schönen Gemälden an Wänden und Decke. Sogar der Gründer Jakob »Papa« Dierse ist auf einem Bild über der Treppe verewigt. Seine Kleine Glocke würde ihm nach der geradezu liebevollen Renovierung bestimmt auch heute sehr gefallen.

Die Wirtin Gabriele Jansen und ihre Mitarbeiterinnen führen die Kneipe (jetzt auf zwei Etagen) mit so viel natürlichem Charme und zupackendem Engagement im Service, dass es eine wahre Freude für die Gäste ist. Natürlich stehen nur kölsche Spezialitäten auf der überschaubaren Speisekarte, aber gerade weil das Angebot begrenzt ist, schafft die Küche ihr Pensum auch gut bei vollem Haus. Deswegen liegt die Qualität der Gerichte sehr viel näher am Niveau der Müttergeneration, die herzhafte Hausmannskost noch selber zubereiten konnte, als an der kantinenähnlichen Massenverpflegung großer Brauhäuser. Das alles gibt es zu so vernünftigen Preisen, dass Künstler, die noch nicht jede Woche ein Bild verkaufen oder am Theater die Nebenrollen spielen, hier tatsächlich nicht am Hungertuch nagen müssten.

Der wunderbar mürbe Sauerbraten vom Pferd mit vom Rübenkraut fast schwarzer Sauce hätte ruhig noch etwas saurer sein können, dazu gibt es gute Klöße und ordentliches

Rotkraut. Dem Himmel un Äd mit untergemengtem Apfel-mus-Kartoffelpüree und gebratenen Zwiebelringen setzt eine hervorragend gewürzte Blutwurst die Krone auf, die gleiche Rolle übernehmen beim Grünkohl saftiges Rückenkasseler und deftige Mettwurst. Sogar die Decke Bunne, eines der kulinarischen Schreckgespenster meiner Kindheit, haben mir gut geschmeckt, weil die sämige Sauce mit wenig Speck-würfeln sich den Bohnen unterordnet und die beiden knusprig gebratenen Scheiben vom Schweinebauch genau das richtige Verhältnis von Fett und Fleisch haben, also etwa 1:2. Die Bartkartoffeln sind immer lecker, die Schweinskopfsülze ist ein Genuss. Dienstags gibt es einwandfreie Reibekuchen, und weil die Küche durchgehend geöffnet ist, gehen die schon nachmittags beim Einkaufsbummel mit einem frisch vom Pittermännchen gezapften Mühlen-Kölsch problemlos als Kaffee und Kuchen durch.

Am liebsten hätte ich das alles ja für mich behalten und diese liebenswerte Kneipe, die alle Erwartungen an wirklich kölsche Lebensart und Gastlichkeit herzerwärmend erfüllt, gar nicht an die große Glocke gehängt. Aber das ist nun mal mein Job.

Konak

Weidengasse 42 – 44
Telefon 12 13 85
www.konak-koeln.de
Di – So 11 – 24 Uhr, Mo Ruhetag

Vorspeisen ab 3
Hauptgerichte ab 7,50
ausschließlich Barzahlung

Hätten Sie's gewusst? Ursprünglich stammt der Döner Kebap aus der kleinen Stadt Bursa in der nordwestlichen Türkei. Dort gab es einen Dönermeister namens Iskender, und weil seine Art der Zubereitung nicht nur die örtlichen Feinschmecker begeisterte, wurde dieser Kebap unter seinem Namen landesweit bekannt. Bis heute betreibt die Familie Iskender zwei Restaurants in Bursa, aber Sie müssen nicht bis in die Türkei fliegen, um diese Spezialität zu probieren.

Das Konak gehört nämlich Atila Tosun, der aus der Nähe von Bursa kommt und das Rezept von einem Dönermeister übernommen hat, der noch selbst Auszubildender bei Meister Iskender war. Also besteht der Döner hier aus in Butter geröstetem, saftigem Kalb- und Lammfleisch, das wie bei einem Strudel in ganz dünn gebackenes Fladenbrot gewickelt, danach quer in Stücke geschnitten und anschließend mit einer leichten Tomatensauce übergossen wird. So habe ich Döner noch nie gegessen, und keiner hat je so gut geschmeckt. Dass die Fleischqualität so erstaunlich gut ist, liegt daran, dass der Inhaber in der Ehrenfelder Körnerstraße einen Lebensmittelladen mit Metzgerei betreibt.

Das Konak haben Sie erreicht, wenn Sie vom Hansaring aus auf der Weidengasse fast gegen eine vorstehende Hauswand laufen, auf die das große, bunte Bild des Städtchens

Bursa gemalt ist. Es gibt ein paar Stühle und Tische draußen, der Innenraum mit Stuck und Messingleuchtern an der Decke ist rosa gestrichen. Man sitzt auf Polsterstühlen an Holztischen mit Stoffläufern darauf, und schon kommt der Krawatte tragende Kellner, um Sie sehr freundlich nach Ihren Wünschen zu fragen.

Mit den leckeren Vorspeisen geht es los: Die mit Reis und Pinienkernen gefüllten Weinblätter und die Geflügelpastete mit Walnüssen und Joghurt waren ausgezeichnet, die hausgemachte Fischrogencreme und das Kichererbsenpüree köstlich, die pürierte Linsensuppe würzig abgeschmeckt. Weil auch die Hauptgerichte so sorgfältig zubereitet werden, müssen Sie darauf ein bisschen warten: Der pikant gewürzte Lamm-Hackfleisch-Spieß lag auf gerösteten Fladenbrotstücken, die ganz frische Dorade war auf den Punkt gegart und das im Tontopf geschmorte Lammfleisch mit Auberginen weich und zart.

Zum Nachtisch gab es noch eine schöne Überraschung: den im Ofen gebackenen Milchreis, der oben eine aromatische dunkle Haut bildet und innen fast wie eine Crème brûlée gestockt ist. Obwohl ich Milchreis eigentlich schon als Kind nicht mochte, war das Schälchen ganz schnell leer.

Osman 30

Im Mediapark 8 (im KölnTurm)
Telefon 50 05 20 80
www.osman-cologne.de
Mo – Sa 18 – 23.30 Uhr

nur Menü: 3 Gänge 44
nur auf Reservierung
Visa, MasterCard, American Express, Ec-cash

Wenn Sie zum ersten Mal in diesem Restaurant im 30. Stock des KölnTurms sind, besichtigen Sie besonders bei gutem Wetter kurz die Dachterrasse – der Rundum-Blick über die Silhouette Kölns ist atemberaubend, so sieht man die Stadt nicht einmal vom Dom. Die Wirkung dieser Aussicht bleibt wegen der Vollverglasung sogar im Restaurant erhalten, doch wenn Sie einen der Fenstertische erwischen können, sollten Sie besser schwindelfrei sein: Das Glas geht bis zum Boden, und Sie sehen direkt in die Tiefe. Das ist – und an dieser Stelle muss ich mal ordentlich in die Kiste der legeren Formulierungen greifen – total abgefahren. Das Restaurant selbst ist im Stil moderner Großstadtgastronomie eingerichtet: gedämpftes Licht, der Boden aus italienischem Feinsteinzeug, schlichte Buchenholzmöbel und sehr bequeme Polsterstühle mit hellem Nappaleder.

Man kann hier ausschließlich ein 3-Gänge-Menü aus den wenigen Gerichten auf der Speisekarte zum Festpreis bestellen, was mich eigentlich stört, aber hier wegen der absolut ungewöhnlichen Atmosphäre irgendwie doch wieder nicht. Die Vorspeisen sind nicht besonders aufregend; aus sechs verschiedenen tapasartigen Zubereitungen auf kleinen, weißen Porzellantellerchen kann man jeweils drei auswählen, die alle ganz gut schmecken. Das waren zum Bei-

spiel ein Sepiaragout mit Tomaten und Gurkenstückchen, eine cremige Mousse von dicken Bohnen, frisches Lachstatar und zartes Kalbfleisch im dünnen Kräuterpfannkuchen. Bei den Hauptgerichten hat man fünf zur Auswahl: Das Duett vom Schwarzfederhuhn bestand aus saftiger Brust und asiatisch gewürztem Ragout vom Keulenfleisch mit Möhren und Brokkoli, der aromatische Waldpilzstrudel wirkte aufgewärmt, aber die Beilage aus Ratatouillegemüse mit sorgfältig enthäuteten Kirschtomaten und feiner Ziegenfrischkäsesauce rundete das Ganze ordentlich ab.

Statt des Desserts würde ich immer die erstklassige Käseplatte vorziehen. Wenn Sie sich dazu einen der guten offenen Weine oder einen der zum Teil erstaunlich preiswerten Flaschenweine wie den südafrikanischen Chenin blanc gönnen, können Sie sich wieder ganz dem sehr speziellen Restauranterlebnis an sich widmen. Der Service ist durchgehend freundlich, aufmerksam und professionell, was ebenfalls dazu beiträgt, dass man hier so schnell nicht mehr weggehen möchte. Während der zweiten Flasche erwischte ich mich beim ständig schweifenden Blick über die nächtlich beleuchtete Stadt sogar zum ersten Mal bei dem Gedanken, dass Köln also doch richtig schön sein kann – jedenfalls im Dunkeln betrachtet.

Plat du Jour

Palmstraße 20
Telefon 257 46 88
www.plat-du-jour.de
Di – Sa 18 – 1 Uhr, So/Mo Ruhetag

Vorspeisen ab 5,50
Hauptgerichte ab 12
Ec-cash

Die früher einmal weißen Wände haben schon beige Patina
angesetzt, die gemauerten Wandleuchten und die Teelichter
in bunten Gläsern verströmen ein angenehm weiches Licht,
die einfachen Holztische sind schlicht weiß eingedeckt und
machen die einladende Atmosphäre komplett. Die Besitzerin
fragt freundlich wie eine Gastgeberin nach den Wünschen
der Gäste, während der marokkanische Koch gemütlich an
der Theke sitzt und auf die Bestellungen wartet. Auf einer
großen Schiefertafel stehen Gerichte der alltäglichen französischen Küche, die aber deutlich marokkanisch beeinflusst
sind. Das ist eine Szenerie, wie man sie oft in den Pariser
Brasserien nordafrikanischer Einwanderer findet – in der
Kölner Innenstadt ist ein solches Restaurant so ungewöhnlich wie interessant.

   Der schön bunte marokkanische Salat besteht aus im
Backofen gegarten Paprikaschoten, die in Streifen geschnitten und pikant mit frischem Koriander abgeschmeckt werden. Noch schöner und eine sehr gelungene Vorspeise ist
das dunkelrote Carpaccio von gekochter und marinierter
Roter Bete, mit gehackter Blattpetersilie und geriebenem
Hartkäse bestreut – ein wirkliches Erlebnis für Geschmacks-
puristen. Das klassische »Steak frites« entspricht mit seinen
kleinen Mängeln ziemlich genau seinen typischen Pariser

Artgenossen: das gute Steak aus der Grillpfanne durchgehend rosa und saftig, aber der kleine Salat mit zu viel und etwas zu saurer Vinaigrette und die eigentlich guten Fritten nicht ganz so knusprig, wie sie sein sollten – doch irgendwie isst man dann trotzdem wieder alles auf. Den nordafrikanischen Klassiker Taboulé bereitet der Koch etwas anders als gewohnt mit den frischen Kernen von dicken Bohnen, roter Paprika, Kichererbsen und einer Joghurtsauce mit frischer Minze zu. Die Tagine de bœuf entpuppte sich als sehr zartes Rindfleisch, mit viel Zwiebeln geschmort und deutlich mit Kreuzkümmel abgeschmeckt, dazu Artischockenherzen. Dass dieser Gang in einer typisch marokkanischen Tonschale mit hohem, kegelförmigem Deckel auf den Tisch kommt, setzt dem Gericht auch optisch sozusagen die Krone auf. Das geschmorte Poulet in einer Sahnesauce mit Champignons, viel frischem Estragon und frittierten Kartoffeln war ebenfalls sehr gelungen – es wird übrigens im tiefen Teller ähnlich wie ein Eintopf serviert.

Passend zum Essen gibt es eine kleine Auswahl ordentlicher Weine. Nach einem Besuch dieses entspannten Restaurants mit günstigen Preisen ist die Rückkehr in die reale Welt des Friesenviertels fast schon ein kleiner Schock.

Plomari

Sülzgürtel 96 / Ecke Zülpicher Straße
Telefon 44 86 89
www.plomari-koeln.de
Di – So ab 18 Uhr, Mo Ruhetag

Vorspeisen ab 2,90
Hauptgerichte ab 4,90
Ec-cash

Die schönste Art, in Urlaubserinnerungen zu schwelgen, ist so essen zu gehen wie im Urlaubsland. Im Plomari gelingt das mühelos, auch weil in diesem unscheinbaren, kleinen Restaurant viel besser gekocht wird als in den meisten griechischen Tavernen der gesamten Ägäis.

Wula und Janni Tikalas, ein älteres Ehepaar aus der Nähe von Thessaloniki, bieten Spezialitäten aus allen Regionen des Landes an, ohne irgendwelche Zugeständnisse an deutsche Essgewohnheiten zu machen. Es gibt rund 60 verschiedene Mezedes – kleine Gerichte, die auf weißen Tellern, in Schälchen oder ofenfesten Schüsseln serviert werden, dazu eine kleine Weinauswahl. Natürlich bekommt man hier Retsina aus putzigen Viertelliterfläschchen mit Kronkorken, der noch genauso gut schmeckt wie damals, als wir ihn in sternenklaren Nächten an griechischen Gestaden aus Zweiliterflaschen tranken und anschließend am Strand Sirtaki tanzten, bis der Schafskäse knatterte. Aber heute ziehe ich doch den weißen Savatiano vor, den ich nicht schöner als in der Weinkarte beschreiben kann: »Ein besonderer Genuss aus Griechenland, der das Gold der Sonne Attikas und den feinen Duft der Savatiano-Rebe getreu wiedergibt und dadurch seiner Herkunft alle Ehre macht.« Jedenfalls ist er enorm süffig und passt zu fast allen Gerichten, die immer frisch zu-

bereitet, durchweg herzhaft gewürzt und insgesamt einfach lecker sind. Die zwei mit Hackfleisch gefüllten Weinblätter in Dill-Zitronen-Sauce sind fast schon kleine Rouladen, das Püree von gelben Linsen ist pikant mit Kapern abgeschmeckt, und zu den mit Käse gefüllten Spinatbratlingen gibt es eine frische Joghurtsauce. Der urgriechische Klassiker Stifado wird hier aus Wildkaninchen mit viel Zwiebeln und in einer deutlich mit Zimt und Nelken gewürzten Sauce zubereitet, die aromatische Makrele aus dem Ofen passt gut zum mit reichlich Dill gewürzten Gemüse. Nicht so bekannt, aber sehr empfehlenswert: vier zarte gebratene Stücke vom Katzenhai in Knoblauchsauce und die Spezialität des Hauses, ein längs halbierter Oktopusarm vom Grill, sehr zart, und leicht scharf mit Zitronensaft, Oregano und etwas gerebeltem Chili abgeschmeckt.

Zum Nachtisch gibt es natürlich original griechischen Mokka, üppig-süße Cremetörtchen und Baklava, dazu sorgen die sehr sympathischen und gastfreundlichen Griechen immer für gute Stimmung. »Ich verkaufe Griechenland«, sagt Janni Tikalas über seine landestypische Küche. Er verkauft sie zwar, aber er verrät sie nicht. Efharisto poly.

Schreckenskammer

Ursulagartenstraße 11 – 15
Telefon 13 25 81
www.schreckenskammer.com
Mo – Fr 11 – 13.45 und 16.30 – 22.30 Uhr,
Sa 11 – 14 Uhr, So und Feiertag Ruhetag

Vorspeisen ab 3
Hauptspeisen ab 9
ausschließlich Barzahlung

»Et es bekannt, dat man uns nit kennt«, sagt der Inhaber Hermann-Josef Wirtz, dessen Stammgäste mehr aus dem Umland von Bergheim bis Leverkusen kommen als aus Köln. Zeit genug, die Schreckenskammer kennenzulernen, hätten die Kölner allerdings schon gehabt, denn bereits 1442 wurde dieses Unikum unter den Kölner Brauhäusern erstmals urkundlich erwähnt. Heute wird das original Schreckenskammer-Kölsch immer noch nach eigenem Hausrezept gebraut und wie eh und je ohne den Zusatz von Kohlensäure abgefüllt. Deswegen ist der Schaum nicht ganz so stabil wie bei den anderen Kölschsorten, aber es läuft auch irgendwie schneller aus dem Glas. Jedenfalls habe ich den Eindruck, dass bei mir hier immer ein paar Gläser mehr reingehen als woanders. Die Köbesse sind schnell und verwechseln glücklicherweise Brauhaus-Lokalkolorit nicht mit Muffeligkeit oder übertriebener Sprücheklopferei wie in manchen anderen kölschen Lokalitäten.

Natürlich stehen alle wichtigen Spezialitäten von Halve Hahn über Flönz bis Krüstchen in der Speisekarten-Kladde, deren Seiten immer noch so aussehen wie auf der Schreibmaschine getippt. Die Preise liegen auf niedrigem Brauhaus-Niveau, und eigentlich gibt's beim Essen nichts zu meckern. Außer dass ich die einigermaßen knusprigen Reibekuchen

etwas zu dick finde, das Sauerkraut zu weich gekocht und die klare Suppe, die bei den Hauptgerichten im Preis inbegriffen ist, immer etwas zu salzig. Aber ich glaube, das macht Wirtz absichtlich, weil dann mehr Kölsch getrunken wird, und manchmal nehme ich die Suppe trotzdem. Oder gerade deswegen. Egal, jedenfalls ist alles einwandfreie Brauhauskost, und weil hier nicht mit Fett gespart wird, sind die großzügig portionierten Gerichte eine gute Grundlage: die Himmel un Äd mit hausgemachtem Kartoffelpüree, gutem Apfelmus, deftiger Blutwurst und reichlich Zwiebeln, die mürbe Ochsenbrust mit Meerrettich, der dicke, flächendeckend mit Streifen vom Schweinebauch belegte Speckpfannkuchen und das einigermaßen saftige und zarte Schinkenhämchen. Die mit Schinkenstreifen und Käse überbackenen Schweineschnitzel sind ebenso verlässlich wie die guten Bratkartoffeln oder die knusprigen Pommes dazu, danach sind allerdings mindestens zwei Eversbusch fällig, und natürlich weitere Kölsch.

Spätestens beim Rausgehen fällt mir dann immer wieder auf, wie eng die Tür ist. Durch die gehen alle spätestens um 23.15 Uhr, weil sie beim Zapfenstreich hier unerbittlich sind. Aber wer weiß, wofür das gut ist.

Thali

Engelbertstraße 9
Telefon 23 91 69
Mo 18 – 23.30 Uhr, Di – So 12 – 14.30 und 18 – 23.30 Uhr

Vorspeisen ab 1
Hauptgerichte ab 7
Menüs: 11,50
Visa, MasterCard, Ec-cash

»The misperception of Indian food might being mind-blowingly pass the fire-hydrant hot is a hard one to overturn.« Wegen dieses sehr schönen, aber kaum entsprechend ins Deutsche zu übersetzenden Satzes auf der englischsprachigen Internetseite des Thali habe ich zum ersten Mal seit geschätzten zwölf bis fünfzehn Jahren wieder darüber nachgedacht, in ein indisches Restaurant zu gehen. Mein langes Zögern hatte allerdings weniger mit dem Missverständnis zu tun, dass indisches Essen immer unerträglich scharf sei (worauf der erste Satz anspielt). Mich hat mehr gestört, dass sowohl Lammfleisch als auch Hühnchen oft zu lange gegart und daher trocken sind und alle Gerichte mit derselben Currymischung zubereitet werden.

Das alles trifft hier nicht zu. Das Lammfleisch beim Thali (indisch für »gemischter Teller«) Mansahari war sogar noch ganz zart: Auf dem polierten Metallteller lagen zwei mittelscharfe Curryversionen des Fleisches, dazu der indische Klassiker Blumenkohl mit Kartoffeln, wiederum mit veränderter Currymischung zubereitet. Dieses sorgfältige Abschmecken, mal mehr, mal weniger scharf, und viele Gewürze ziehen sich durch alle Gerichte. Dazu kommt, dass die meisten Saucen mit Kichererbsenmehl gebunden werden, was den Geschmack insgesamt abrundet. Der Palak Paneer,

auf indische Art hausgemachter Hüttenkäse, harmonierte gut mit dem sehr fein geschnittenen Spinat. Überhaupt sind besonders die vegetarischen Gerichte durchweg beeindruckend, vor allem das Daal fried, eine Art dicker Eintopf aus gelben Linsen mit Zwiebeln, Knoblauch und frischem Ingwer, oder als Vorspeise die Pakoras, vier große frittierte, innen gelbe Kugeln aus Zwiebeln und Kartoffeln mit einer pikanten Minz-Joghurt-Sauce. Und dann noch das Dessert Besan Barfi: ein kleiner süßer Riegel aus Kichererbsenmehl, Kokos und Butter, mit mittelscharfem Curry abgeschmeckt.

Nun ist das kleine Ladenlokal mit den quadratischen Tischen, Wachstuchtischdecken und abgewetzten Polsterstühlen sicherlich kein Restaurant für den ganzen Abend. Aber es ermöglicht einen sehr interessanten Ausflug in eine außergewöhnliche Esskultur.

Tre Santi

Kasparstraße 19
Telefon 732 53 56
Mo – Sa 16.30 – 24 Uhr, So Ruhetag

Vorspeisen ab 11
Hauptgerichte ab 12
ausschließlich Barzahlung

Der Anspruch klingt ziemlich forsch, aber die Erwartungen werden erfüllt: Als Gabriele Pezzullo und seine deutsche Lebensgefährtin Meike Sudahl, die aus Berlin nach Köln gekommen sind, vor einem Jahr ihre Trattoria eröffneten, wollten sie uns Kölnern im – zugegeben gastronomisch etwas unterentwickelten – Agnesviertel mal zeigen, wie gut authentisch italienische Gasthausküche ohne Zugeständnisse an deutsche Geschmacksgewohnheiten sein kann.

Schon der fast vier Meter hohe Raum mit der Stuckdecke, den schlicht rotweiß kariert eingedeckten Tischen und der Mischung aus geschickt gesetztem Lampen- und Kerzenlicht wirkt einladend gemütlich. Natürlich gibt es keine gedruckte Speisekarte, sondern der junge Chef und seine Kellner erzählen, was am jeweiligen Abend frisch zubereitet wird. Und das war bei meinen Besuchen immer so scheinbar einfach wie geschmackssicher und handwerklich versiert zubereitete Hausmannskost in großen Portionen, wie ich sie tatsächlich auch außerhalb Kölns bisher fast nur in den Trattorien des Friaul gegessen habe, wo Pezzullo ursprünglich herkommt. Da wären zum Beispiel der zarte Rehrücken vom Jäger aus der Eifel, am Knochen, aber in Stücken in Weißwein, Zwiebeln und Knoblauch gegart, mit Kartoffeln und Gemüse, ein herrlich kräftig gewürztes Wildschwein-

ragout, das trotzdem nicht deftig war, oder der Pastaklassiker mit Fenchelbratwurststücken. Aber auch die Gerichte mit Fisch und anderen Meerestieren gelingen einwandfrei, wie der cremige Sepiarisotto, die kleinen, in Rotwein gegarten Tintenfische auf Rucola und Kirschtomaten, die Pappardelle mit saftigen Doradenfilets oder der Guazzetto, ein schnörkelloser Meeresfrüchte-Eintopf mit verschiedenen Muschelarten, Garnelen und Fisch.

Dazu gibt es zwei passable, offen ausgeschenkte Hausweine und einige sehr gut ausgesuchte Flaschenweine zu gehobenen Preisen. Insgesamt ist das Tre Santi mit seiner lockeren und irgendwie auch etwas freakigen Atmosphäre zweifellos eine Bereicherung der Kölner Gastroszene und ein ganz besonderer Farbtupfer in der Palette der italienischen Gasthäuser Kölns. Mal gut, dass man dafür nicht nach Berlin fahren muss.

Warung Bali

Brabanter Straße 5
Telefon 589 43 66
www.warungbali.de
Mo – Fr 12 – 15 und 18 – 22.30 Uhr, Sa/So 18 – 22.30 Uhr

Vorspeisen ab 3,50
Hauptgerichte ab 10,50
Visa, Ec-cash

Seit dem vergangenen Sommer gibt es das Warung Bali in den Räumen des ehemaligen Lemongrass nun schon (nicht zu verwechseln mit dem Bali am Brüsseler Platz). Aber so richtig scheint selbst bei eingefleischten Fans asiatischer Küche noch nicht angekommen zu sein, auf welch hohem Niveau hier balinesisch-indonesische Gerichte zubereitet werden. Der Inhaber Bayu Sutaharja und seine Köche führen geradezu beispielhaft vor, wie differenziert und vielfältig asiatische Spezialitäten sein können, wenn man sich nicht mit dem großflächigen Einsatz von eigentlich immer sehr ähnlichen Allerwelts-Curry-Mischungen, Ingwer, Zitronengras, industriell hergestellten Saucen und Geschmacksverstärkern zufriedengibt.

Der lauwarme Meeresfrüchtesalat mit kleinen, zarten Tintenfischstücken und Muscheln hatte genau die richtige Schärfe, um den Eigengeschmack der Zutaten nicht zu verdrängen. Überhaupt liegen die Köche bei den Garzeiten und beim Abschmecken immer richtig, so wie auch die Produktqualität von Fleisch, Geflügel und Fisch weit über dem Standard vergleichbarer Restaurants liegt. Die saftigen geschmorten Rindfleischscheiben waren ausgewogen mit Fünf-Pfeffer-Mischung, Zimt und Sternanis gewürzt, und selbst riskante Kombinationen von frischem Obst und Fisch

oder Ente gelingen perfekt. Die Verbindung von Fisch, Garnelen, Gemüsebananen, Kokosmilch, Zitronengras und anderen Gewürzen ist geradezu spektakulär, und Bebek Bengil ist eines der besten asiatischen Gerichte, die ich jemals auf dem Teller hatte: superzarte Entenbrust mit äußerst knuspriger Haut in einer cremigen Sauce aus Kokosmilch mit Rujak, einer Currypaste aus Erdnüssen, roten Chilis und Tamarindenmark. Zusammen mit kurz sautiertem Gemüse, Thai-Basilikum, frischen Ananasstücken und Rambutan-Früchten ergibt das eine so subtil pikante Gesamtaromatik, dass diese Komposition problemlos in ausgewiesenen Feinschmeckerlokalen aufgetischt werden könnte.

Wenn Sie dazu noch den offenen Mosel-Riesling trinken, ist der Genuss vollkommen – der passt übrigens zu allen Gerichten. Die freundlichen Indonesier beantworten gerne sämtliche Fragen zu ihren Spezialitäten und bringen alles zügig an die einfachen Holztische des relativ karg eingerichteten Restaurants, dessen indirekte Beleuchtung das Ganze in ein etwas zu schummeriges Licht taucht. Das ändert aber nichts daran, dass das Warung Bali und das Thai Haus die besten asiatischen Restaurants der Stadt sind.

XII Apostel

Heumarkt 68 – 72
Telefon 25 08 30 20
www.12-apostel.com
täglich 6 – 4 Uhr

Vorspeisen ab 5
Hauptgerichte ab 9
Ec-cash

Kaum zu glauben, aber wahr: Selbst im heiligen Köln hat der Name dieses riesigen Restaurants keinen biblischen Hintergrund. Er geht auf zwölf Geschäftsleute zurück, die sich im 18. Jahrhundert regelmäßig in einem Gasthaus trafen und dort scherzhaft die zwölf Apostel genannt wurden.

Hinter dieser Art Restaurant im Stil eines italienischen Palazzos mit schweren, roten Samtvorhängen, Kronleuchtern, großen Fresken an der Decke, geschnitzten Wandverkleidungen und aufwendigen Marmorböden steckt ein modernes Gastronomiekonzept, das die Besitzer erstmals in Berlin und dann in anderen deutschen Großstädten erfolgreich ausprobiert haben. Der bisherige Erfolg dieses für deutsche Verhältnisse ungewöhnlichen Restaurants in bester Lage gibt ihnen auch in Köln Recht. Das liegt auch am Essen – die Küche schafft es trotz der unglaublichen Öffnungszeiten und selbst bei vollem Lokal, erstaunlich sorgfältig und präzise zu kochen. Die Preise liegen zwar etwas höher als beim Italiener um die Ecke, aber die Qualität der verwendeten Produkte und der Zubereitung ebenfalls.

Die sehr groß dimensionierte Pizza Paolo mit dünnem, knusprigem Teig, Mozzarella, Parmaschinken, frischen Champignons und Rucola schafft man eigentlich nur, weil sie so hervorragend ist, dass man einfach nicht aufhören kann,

während die normal große Portion Orecchiette mit pikanter, fenchelgewürzter Salsiccia und Kirschtomaten im Kräutersud einem aus demselben Grund eigentlich zu klein vorkommt. Selbst eine mit knackigen Scampi und frischem Spinat gefüllte, sehr zarte Kalbsroulade zu Spaghetti mit Rucola-Pesto gelingt den Köchen ebenso tadellos wie die saftige Maishähnchenbrust mit frischem Gemüse und den allerdings banalen Tüten-Kroketten. Das gilt auch für die in jeder Hinsicht gelungene ganze Dorade mit Kräutern im Bauch, Spinat, Knoblauch und frittierten Kartoffelscheiben und für das üppige Kirschtiramisu zum Dessert. Für den kleinen Hunger zwischendurch tun es die Rucola-Cremesuppe, das großzügige Carpaccio vom Rind mit Parmesan oder das Vitello tonnato. Die nur vier offenen Weine lohnen sich eher nicht, es gibt allerdings lohnenswerte Alternativen bei den preiswerten Flaschenweinen, besonders bei den weißen, wie zum Beispiel den Orvieto oder den Lugana vom Gardasee.

Dass die bemühten und freundlichen, fachlich aber nicht besonders qualifizierten Kellnerinnen und Kellner vom Wein keine Ahnung haben, macht die Bestellung zwar nicht einfacher. Aber immerhin haben Sie ja schon zwei sachdienliche Hinweise.

Gut und Gerne

Anselmos Lilakissimo

Friesenwall 24b
Telefon 257 32 28
www.anselmos-lilakissimo.de
Mo – Sa 18 – 24 Uhr, So Ruhetag

Vorspeisen ab 7,50
Hauptgerichte ab 14,50
Menüs: 4 Gänge 35
Visa, MasterCard, American Express, Diners Club, Ec-cash

Eigentlich wirkt das kleine Restaurant von außen eher wie ein französisches Bistro, aber die Gerichte sind durch und durch italienisch. Obwohl Gabriele und Anselmo Vaccari nun schon seit fast 20 Jahren vor Ort sind, gehört das Lilakissimo immer noch zu den wenig bekannten italienischen Restaurants der Innenstadt. Das ist schon erstaunlich, denn Anselmo Vaccari kocht so gut, dass es sich lohnt, seine immer frisch zubereiteten und weitgehend süditalienisch geprägten Gerichte kennenzulernen. Er verlässt sich auf die Qualität der Produkte, kocht schnörkellos mit präzisen Garzeiten und schmeckt sehr sorgfältig ab.

Ein 4-Gänge-Überraschungsmenü könnte mit frischem Feldsalat und wunderbar zarten Scheiben von geräucherter Entenbrust beginnen. Danach folgten hervorragende mit Ricotta gefüllte Cannelloni in einer üppigen Trüffelsauce, die wegen meiner generellen Abneigung gegen zu oft penetrant vorschmeckendes Trüffelöl die größte Überraschung des Abends war. Vaccari bereitet sie nicht mit einem dieser Öle, sondern mit einer aus Italien importierten Trüffelcreme zu, die tatsächlich deutlich nach echten Trüffeln schmeckt. Die Seezunge als Hauptgericht war bildschön filetiert, sehr saftig und mit gedünstetem Spinat angerichtet, und auch bei den à la carte bestellten Hauptgängen stimmten alle Details. Die

Steaks vom Hirsch lagen mit schön festen Maronen in einer dezent mit Rosmarin abgeschmeckten Sauce, dazu gab es al dente gegarten Blumenkohl und Brokkoli – ein ebenso einfach wie absolut stimmig arrangiertes Gericht. Die sehr cremige Panna cotta rundet Vaccari mit einer leicht bitteren Karamellsauce ab, das Menü endete mit einem tollen Tiramisu und einer Mousse au Chocolat von edel-dunkler Schokolade.

Es gibt ausschließlich italienische Weine, bei denen sich der Pinot Grigio mit den süditalienischen weißen leicht umgehen lässt. Aber die Weine lassen Sie sich besser passend zu den Gerichten von Gabriele Vaccari selbst empfehlen, die sich insgesamt so aufgeschlossen freundlich um ihre Gäste kümmert, dass man sich in dem wohnlich eingerichteten und fast komplett verspiegelten Lokal sofort wohlfühlt. Übrigens auch, wenn man zum ersten Mal kommt – was bei manchem italienischen Szene-Ristorante in der Innenstadt ja nicht ganz so selbstverständlich ist.

Artischocke

Moltkestraße 50
Telefon 25 28 61
www.wein-ef.de
Mi – Sa 18 – 23 Uhr

Vorspeisen ab 12,50
Hauptgerichte ab 22
Menüs: 3 Gänge 35, 4 Gänge 49
Ec-cash

Schon seit 1984 führt Ernst Föllmer als Inhaber und Küchenchef das kleine und von außen sehr unscheinbare Restaurant, das man auf der unwirtlichen Querverbindung zwischen Aachener und Richard-Wagner-Straße schnell übersehen kann, wenn man nicht aufpasst. Aber kaum sitzt man angenehm ruhig an den mit Silberbesteck eingedeckten Tischen in dem gediegen-wohnzimmerartigen Raum mit dem dunklen Holzmobiliar und dem Kronleuchter an der Decke, fühlt man sich weniger als Restaurantgast, sondern mehr wie zu Besuch in einem Privathaus. Die Begrüßung des einzigen Kellners ist sehr entspannt und die Art, wie er sich im Verlauf des Abends um die Gäste kümmert, trägt erheblich dazu bei, dass man sich ausgesprochen wohlfühlt. Auf der Speisekarte stehen rund ein Dutzend Gerichte à la carte, die zum Teil auch zu Menüs kombiniert sind, es gibt etwa ein Dutzend verschiedene Weine, die fast alle offen ausgeschenkt werden, und das Schönste ist, dass man hier weder beim Wein noch beim Essen etwas falsch machen kann.

Föllmer kocht modernen Bistro-Stil, bietet immer wieder französische Klassiker an und scheut nicht vor kräftigen oder cremigen Saucen zurück. So wie bei der klassisch ausgeführten Kalbsniere mit Senfsauce und einem feinen Rosenkohlpüree, einem Gericht, das man heutzutage generell

leider viel zu selten bekommt, oder beim superfrischen, saftigen Doradenfilet auf sahnigem Lauchgemüse. Überhaupt legt Föllmer Wert auf gute Produkte, die er so geradlinig ohne überflüssigen Schnickschnack zubereitet, dass eigentlich für alles die zwei Wörter »sehr lecker« reichen würden.

Für mich dürften nur die Portionen insgesamt etwas größer sein – nach drei Gängen mit hervorragendem Bachsaiblingsfilet auf gut gewürztem Linsengemüse, zarten panierten Kalbschnitzelchen mit lauwarmem Kartoffel-Gurken-Salat und frischen, sehr aromatischen Himbeeren in einer zabaioneartigen Moscato-Creme mit Parfait vom Eierlikör war ich dann doch nicht ganz satt, oder war es mal wieder nur die Lust auf mehr? Das 4-Gänge-Menü ist da schon deutlich sättigender, vor allem wenn der delikate Baumkuchen mit geräuchertem Aal und das perfekt gebratene Zwischenrippenstück vom Eifelrind dabei sind, bei dem die Scheiben vom Ochsenmark und eine erstklassige Rotweinsauce den fleischigen Hochgenuss vollenden. Der Kellner findet zu jedem Gericht den passenden Wein aus Föllmers sehr individuell zusammengestelltem Angebot, und wenn man sich dann erst mal gemütlich eingesessen hat, darf es ruhig noch ein Gläschen mehr sein.

Bagutta

Heinsbergstraße 20a
Telefon 21 26 94
www.bagutta.de
täglich 18 – 23 Uhr

Vorspeisen ab 8
Hauptgerichte ab 17,50
Menüs: 3 Gänge 30, 4 Gänge 35, 5 Gänge 39
ausschließlich Barzahlung

Zum Glück ist das Szenelokal nicht ganz so klein wie es von außen zu sein scheint. Dazu kommt das in sich stimmige, leicht schräge Ambiente mit den hell gestrichenen Ziegelsteinwänden, den großen bunten Bildern und einem stimmungsvollen kleinen Hinterhof, das insgesamt eine originell-sympathische Atmosphäre ergibt, wie man sie sonst eigentlich nur in den Pariser Künstlervierteln findet. Ein gut eingespieltes Serviceteam kümmert sich so freundlich wie engagiert um die Gäste, Inhaber Stefan Bierl und sein Euro-toques-Koch Christian Matthäi kochen beide sehr gut und setzen auf ungewohnte Kombinationen. Vor allem die Qualität der durchweg frischen Produkte ist absolut beeindruckend.

Das beginnt schon bei der erstklassigen gebratenen Entenstopfleber mit etwas zu süßem Orangen-Chicorée-Salat und setzt sich mit knackiger Garnele und Jakobsmuschel neben mit Ingwer abgeschmecktem Thunfischtatar und der ungewöhnlichen Beilage aus Büffelmozzarella und Mangospalten nahtlos fort. Die fünf dicken, saftig-knackigen Garnelen zum warmen Paprika-Brot-Salat waren wie alles andere auch auf den Punkt gegart. Bei der gut drei Zentimeter dicken, superzart rosa gebratenen Entenbrust mit krosser Haut war das Wokgemüse etwas zu dezent ausgefallen, beim

saftigen Zanderfilet stimmte die Mischung aus pikanter Chorizo, warmem Kartoffelsalat und Streifen von sorgfältig enthäuteter Paprika. Einwandfrei waren auch die Lammkoteletts zum mit echten Safranfäden gewürzten Couscous und mit einer separat servierten, scharf abgeschmeckten Salsa aus frischer Minze.

Die Tartes mit fruchtigen Cremes oder Schokolade sind immer ein Genuss, und bei diesem Kochniveau kann man sich auch risikofrei auf die preiswerten Überraschungsmenüs einlassen. Die Weine, offen oder als Flasche, sind gut und trinkfreundlich kalkuliert. Und wenn ich das alles kurz zusammenfasse, dann ist das Bagutta eines der besten Szenelokale der Stadt.

Balthasar

Klettenberggürtel 15
Telefon 430 64 40
www.balthasarristorante.de
Mo – Fr 18 – 23 Uhr, Sa 9 – 23 Uhr,
So und Feiertag 10 – 23 Uhr

Vorspeisen ab 8,50
Hauptgerichte ab 16
Menüs: auf Anfrage
Visa, MasterCard, Diners Club, Ec-cash

Zunächst ein kleiner Warnhinweis: Bei diesem Ristorante handelt es sich nicht um das Balthasar am Auerbachplatz in Sülz. Hier geht es um den Klettenberger Namensvetter, der aber demselben Besitzer gehört. Dieser bietet eine ganze Reihe italienischer Standardgerichte, aber auch eine aktuelle Wochenkarte, bei der die Köche wesentlich ambitionierter vorgehen und nicht unbedingt nur italienisch kochen, sondern modern-international mit deutschen und asiatischen Komponenten.

Dazu zählt bei den Vorspeisen das in jeder Hinsicht beeindruckende Türmchen von erstklassigen gebratenen Kalbsleberscheiben mit gedünsteten Apfelringen auf dünn gehobelten Scheiben von der Süßkartoffel mit Balsamico. Oder, asiatisch inspiriert, in Chilibutter sautierte, knackige Garnelen mit leicht gedünsteter Ananas und Curry – ebenfalls absolut sorgfältig zubereitet und souverän abgeschmeckt.

Die immer freundlichen und sehr zuvorkommenden Kellner bringen selbst bei Hochbetrieb alles zügig an die Tische und zögern auch nicht bei den passenden Empfehlungen von der kompetent zusammengestellten Weinkarte, deren Preise allerdings ziemlich heftig kalkuliert sind. Beim Essen ist das Preis-Leistungs-Verhältnis aber absolut stimmig, vor allem weil die Köche bei keinem Gericht schwächeln,

weder bei der Produktqualität noch bei den Garzeiten. Dass man die Pastagerichte, den Spinatrisotto mit Jakobsmuscheln, die hausgemachten Ravioli mit Spargel und Rucola oder die Bavette mit kräftigem Ragout von Kalb- und Rindfleisch auch als kleinere Zwischengerichte bekommt, passt da gut ins Bild, vor allem weil die Hauptgänge in großen Portionen serviert werden.

Dabei würde ich die mit Scampi gefüllte Maishähnchenbrust sogar als Schnäppchen einordnen und die hochfeine Maischolle wegen der etwas exotischen, aber sehr gelungenen Kombination mit grünem Thai-Spargel und pikantem Wasabi-Kartoffelpüree bedingungslos empfehlen. Und obwohl ich eigentlich kein großer Fan von Sorbets bin, würde ich die cremige Variante aus Erdbeeren mit Grappa und frischer Minze jederzeit wieder bestellen, wie auch die frischen Beeren, die mit einer kaffeeversetzten, samtigen Creme gratiniert sind und in der Cappuccinotasse serviert werden. Die große Terrasse macht den Besuch dieses hervorragend geführten Ristorante im Sommer natürlich noch interessanter.

Brasserie Champ-Brune

Aachener Straße 569
Telefon 49 32 56
Mo – Fr 12 – 15 und 18 – 23 Uhr, Sa 18 – 23 Uhr, So Ruhetag

Vorspeisen ab 6,50
Hauptgerichte ab 17
Menüs: mittags 2 Gänge und 1 Getränk 13,50
Ec-cash

Wie oft die Besitzer dieses Ladenlokals gewechselt haben, seit Gilles Berthier vor zehn Jahren in sein L'Imprimerie nach Bayenthal wechselte, weiß keiner mehr so genau. Der Name ist allerdings erhalten geblieben (Braunsfeld auf französisch), und auch an der typischen Brasserie-Einrichtung hat sich nur wenig geändert: schwarzweiß gefliester Boden, einfache Holztische, die kleine Bar im Eingangsbereich und die handbeschriebene Tafel als einzige Speisekarte an der Wand. Nun betreut der gebürtige Kölner Ugur Yonakci auf eine sehr freundliche und persönliche Art die Gäste, und wenn mich nicht alles täuscht, dürfte das Champ-Brune mit ihm wieder eine verlässliche Adresse für geradlinig französisch orientierte Gerichte geworden sein. Die täglich wechselnde Auswahl ist zwar nicht groß, aber das macht die Bestellung umso einfacher, und die Qualität der frischen Zutaten gilt für alle Gänge.

Die sahnige Kartoffelsuppe mit knusprigen Weißbrotcroutons und Speckwürfeln in der weißen Porzellanterrine war präzise mit Majoran abgeschmeckt, ebenso die cremige Sauce zu den Käseravioli. Die sind zwar nicht hausgemacht, aber gut eingekauft, und zusammen mit den sehr knusprigen Streifen Bauchspeck eine gelungene Vorspeise. Überhaupt gibt es wenig zu bekritteln, allenfalls Kleinigkeiten

wie das etwas zu kühle Ratatouillegemüse, das mit den knackig gebratenen Black Tiger Gambas nur wegen des Temperaturunterschieds nicht harmonierte. Bei der sehr zart geschmorten Ochsenschulter mit Möhren, Schalotten, kräftiger Rotweinsauce und Kartoffelpüree passte alles, und auch die auf den Punkt gegarte Perlhuhnbrust in einer aromatischen, üppigen Sauce mit frischen Morcheln und Kräuterseitlingen war ein bemerkenswertes Beispiel für französische Landküche.

Wenn Sie nach solchen Portionen noch können, lassen Sie sich die Desserts nicht entgehen: Die erstklassige Crème brûlée mit echter Vanille und dezent karamellisierter Zuckerkruste liegt weit über dem üblichen Kölner Gastronomie-Standard, und die Crêpes mit heißer Ananas und hausgemachtem Schokoladeneis sind ebenfalls ein attraktives Dessert. Die guten offenen Weine empfiehlt Yonakci immer passend zu den jeweiligen Gängen, bei den Flaschenweinen liegen die Preise dann schon etwas höher. Dass man hier seit Juli nicht mehr rauchen darf, tut der Luft in dem kleinen Raum übrigens sehr gut.

Die Zeit der Kirschen

Venloer Straße 399
Telefon 9 54 19 06
www.dzdk.de
Mo – Fr 9 – 1 Uhr, Sa 17 – 1 Uhr, So 11 – 24 Uhr

Vorspeisen ab 6,50
Hauptgerichte ab 12
Menüs: 3 Gänge 32
Ec-cash

An einer solchen Vorspeise geht eigentlich kein Weg vorbei: Confit von Geflügelherzen und -mägen mit Romanasalat. Normalerweise müsste man für so ein Gericht bis nach Frankreich fahren und nicht nur bis nach Ehrenfeld. Die drei Stunden lang bei sanfter Temperatur gegarten Innereien sind appetitlich rosa und wunderbar zart – eine in Knoblauchöl gebratene Delikatesse. Gerichte dieser Art sind gar nicht so selten auf der Karte des Zeit der Kirschen, weil Uwe Hammes, der als einer der Besitzer zusammen mit Küchenchef Peter Humann die kulinarische Richtung vorgibt, schon seit langem ein Faible für gute französische Landküche hat. Es könnte aber auch der Spitzkohleintopf mit zwei knackigen Siedewürstchen vom Wild aus einer kleinen Westerwälder Metzgerei sein oder marinierte Elefantenbohnen mit einer schön luftigen Tomatenmousse.

Diese Gerichte sind typisch für die ganze Speisekarte: eine Mischung aus klassischen Zubereitungen und originellen Kombinationen mit ganz eigenem Touch. Weil die Köche nicht nur die richtigen Garzeiten einhalten, egal ob bei Fleisch, Geflügel oder Gemüse, sondern außerdem sorgfältig abschmecken, können Sie hier ruhig mal etwas ausprobieren, was sie vielleicht so noch nicht kennen. Zum Beispiel mit confierter Zitrone aromatisierte Rillettes von Ente und

Thunfisch, eine herzhaft mit Kreuzkümmel gewürzte Kicher-
erbsencremesuppe oder die asiatische Variante der Königsberger Klopse aus Kalb und Krevetten in feiner Tom-Ka-Sauce
mit Ingwer-Rübstiel. Die üppigen Desserts wie die Erdbeer-
Rhabarber-Charlotte schafft man eigentlich nur zu zweit,
aber die hervorragenden Kuchen oder Torten tagsüber auch
problemlos allein.

Die offenen Weine sind trinkfreundlich kalkuliert, die
Atmosphäre des Restaurants mit der einsehbaren Küche
und den sehr eng gehängten Original-Kunstwerken an den
Wänden ist angenehm entspannt, und die lauschig begrünte
Gartenterrasse mit dem Helios-Leuchtturm, dem alten Ehrenfelder Wahrzeichen, in Sichtweite gehört zu den schönsten
der Kölner Gastronomie. Kulinarisch gibt in diesem Veedel
das Zeit der Kirschen die richtige Orientierung an.

Elia

Bachemer Straße 236
Telefon 434219
Di – So 18 – 1 Uhr, Mo Ruhetag

Vorspeisen ab 7
Hauptgerichte ab 13
Visa, MasterCard, Diners Club, Ec-cash

Früher hieß dieses kleine Restaurant »Sokrates« und war eine von den griechischen Tavernen, wie sie in Deutschland üblich sind. Dann hat sich Alexis Grigoriadis mit seinen Eltern hingesetzt, und zusammen haben sie das Konzept nach seinen Vorstellungen geändert: erst einmal das Lokal umgebaut, mit puristisch weiß verputzten Wänden, stimmungsvollem Licht, hellen Polsterbänken, modernen Stühlen und einem echten Olivenbaum in der Mitte des Raumes. Noch erstaunlicher als die entspannt-sinnliche Atmosphäre und Grigoriadis' sehr persönlich-freundliche Art, mit seinen Gästen umzugehen, sind allerdings die Gerichte, die jetzt hier serviert werden. Auf den kleinsten sachlichen Nenner gebracht ist das modern-griechisch. Die Mutter, die nach wie vor ganz alleine kocht, bereitet die traditionellen Zutaten der griechischen Küche jenseits von Gyros und Soufflaki so verfeinert zu, dass sie damit ein zum Teil etwas ungewöhnliches, aber immer in sich schlüssiges Geschmackserlebnis bewirkt.

Zur großen, saftigen Kaninchenkeule gibt es als Gemüse geschmorte Zwiebeln in einer dezenten Tomatensauce, die deutlich, aber absolut harmonisch nach Nelke und Lorbeer schmeckt. Die superfrische Dorade mit knuspriger Haut lag in einem ganz fein süßlichen und leicht bitteren Fond aus

Mastix, dem Harz von Pistazienbäumen, und Olivenöl, dazu gab es pürierte dicke Bohnen als Beilage. Bei den Vorspeisen schlug die dezente Zitronen-Senf-Vinaigrette an den zarten Spinatblättern die aromatische Brücke zu den gebratenen Weißbrotpäckchen, die mit püriertem Hühnchenfleisch und Lauch gefüllt waren, und beim Divato-Frischkäse setzte der Wildlachskaviar dem üppigen Törtchen mit gebratenen Tomaten und Auberginenmousse das i-Tüpfelchen auf. Selbst einem alltäglichen Gericht wie den knackigen Riesengarnelen mit Penne in Tomatensauce verleiht die Köchin mit frischem Oregano eine ganz eigene Note und setzt mit dem geriebenen Mizithra, einem kompromisslosen griechischen Ziegen-Hartkäse, noch einen außergewöhnlichen Akzent.

Die preiswerten griechischen Weine dazu – offen oder als Flasche – sind von erstaunlicher Qualität; zum Nachtisch gab es eine schön süße, sahnige Honigmousse und eine sehr gehaltvolle Schokoladentorte, die Sie mit den griechischen Grappe und dem Original-Mokka fast noch toppen können. Das Ganze klingt zwar irgendwie unglaublich, war aber tatsächlich so – jedes Mal anders, aber immer gut.

Em ahle Kohberg

Ostmerheimer Straße 455
Telefon 69 25 25
www.ahlekohberg.de
Di – So 12 – 1 Uhr, Mo Ruhetag

Vorspeisen ab 5,50
Hauptgerichte ab 9,70
Menüs: 4-5 Gänge 30
Visa, MasterCard, Ec-cash

Ein Biergarten mit rund 200 Sitzplätzen und eine Speisekarte, auf der neben Bratwurst und Rumpsteak auch eine
ganze Reihe anspruchsvollerer Gerichte stehen – das allein
ist schon ein Spagat, den nur wenige Gasthäuser versuchen.
Erst recht, wenn der Betrieb so richtig brummt wie an schönen Sommerwochenenden und alle Tische besetzt sind. Da
tun mir die Serviceleute ja schon leid, bevor ich überhaupt
bestellt habe – deswegen erst einmal ein Kompliment an
die Mannschaft des historischen Gasthauses, die selbst solchen Andrang bravourös bewältigt.

Auch in der Küche läuft alles wie am Schnürchen, jedenfalls habe ich nicht nur über die generelle Qualität der
verarbeiteten Produkte gestaunt, sondern mehr noch über
deren sorgfältige Zubereitung. Die Mousse von geräucherter
Forelle mit hausgebeiztem Lachs wäre schon ein feiner Auftakt, die üppige, mit Sherry aromatisierte Entenlebermousse
reicht als Vorspeise gut und gerne für drei Personen, ebenso
wie die sensationelle, klassisch hausgemachte Schweinskopfsülze, die fast ohne Gelee auskommt. Diese beiden dicken Scheiben mit Speckbratkartoffeln oder die drei erstklassigen Matjesfilets mit roten Zwiebeln und denselben
Beilagen könnten schon als Hauptgericht durchgehen. Bei
den eigentlichen Hauptgängen hat man etwa die Qual der

Wahl zwischen sehr saftigen Spanferkelkoteletts mit Pfifferlingsrahm und Semmelknödel, Zander in einer Beurre blanc mit Risotto und einer gefüllten Roulade vom zarten Kaninchenrücken, ebenfalls mit Risotto – alles tadellos abgeschmeckt und sogar auf vorgewärmten Tellern serviert.

Dass alle Gerichte sehr gastfreundlich kalkuliert sind, macht das Sitzen unter der prächtigen alten Linde hinter dem sehr schön restaurierten Fachwerkhaus von 1665 natürlich noch angenehmer, auch wenn ich nach den großen Portionen ausnahmsweise aus gesundheitlichen Gründen fast kein Dessert mehr bestellt hätte.

Gut, dass ich es doch getan habe: Die mit Sahne umgossene Mousse au Chocolat von sehr dunkler, edler Schokolade geht wunderbar leicht und cremig über die Zunge. Die können Sie notfalls auch zu zweit genießen – bei dem großen Stück Tiramisu sollten Sie das auf jeden Fall tun, selbst wenn es noch schwerer fällt, denn den italienischen Klassiker bekommt man wirklich nur selten so serviert: mit starkem Espresso im Biskuit und dicker Kakaoschicht oben auf der mächtigen Mascarponecreme. Und auch innen im Gasthaus fühlt man sich ein bisschen wie im Urlaub.

Essers Gasthaus

Ottostraße 72 / Ecke Nußbaumerstraße
Telefon 42 59 54
www.essers-gasthaus.com
täglich 18 – 22.30 Uhr

Vorspeisen ab 5,50
Hauptgerichte ab 9,50
Überraschungsmenüs
Ec-cash

Schon die vielen leeren Flaschen auf der langen Fensterbank signalisieren: Hier trinken die Besitzer des Gasthauses ihren Wein auch gerne selbst, und das ist erst mal keine schlechte Voraussetzung für die Weinauswahl. Rund 60 Sorten aus Deutschland und Österreich stehen auf der Karte, die dermaßen trinkfreundlich kalkuliert sind, dass Sie dieses Gasthaus auf gar keinen Fall mit dem Auto ansteuern sollten. Überhaupt würde ich Ihnen hier trotz meiner generellen Vorliebe für deutsche Weine die österreichischen Flaschen empfehlen, weil Sie die, wenn überhaupt, anderswo nur selten bekommen werden. Aber darüber jetzt mehr zu schreiben hieße Eulen nach Athen tragen. Verlassen Sie sich einfach auf Iris Giessauf, die Sie in ihrem charmanten steirischen Dialekt viel schöner berät als ich.

Für die Küche ist ihr Kölner Lebensgefährte Andreas Esser zuständig, der schnörkellos und frisch zubereitete Gasthausgerichte serviert. Weil sein Anspruch an die Qualität der verwendeten Produkte hoch ist und er außerdem gekonnt würzt, schmeckt alles einfach gut: die delikate steirische Sülze vom Schweinskopf, die Kaninchenrillettes und die cremige Steinpilzkartoffelsuppe ebenso wie der Matjes mit roten Currylinsen. Wenn Sie diese Vorspeisen als kleine Portionen bestellen, dann schaffen Sie auch die üppigen Haupt-

gänge: das dicke Kotelett vom Bioschwein mit seinem unwiderstehlich aromatischen Fettrand oder das halbierte Perlhuhn mit schwarzen Linsen und Schupfnudeln, marinierten Tafelspitz, Käferbohnensalat und die nach Jahreszeit verschiedenen Varianten der Topfenknödel. Ausschließlich sonntags bekommen Sie das original Wiener Schnitzel – es war das beste meines Lebens: in Butterschmalz gebraten, die Panade aus Semmelbröseln perfekt um das zarte, dünne Kalbfleisch gewellt, mit zwei verschiedenen Salaten aus kleinen Kartoffeln angerichtet – der eine mit Salatgurke, der andere mit Käferbohnen und Kürbiskernöl. Danach kommen Sie vermutlich auch nicht an einem der tollen Schnäpse vorbei. Es gibt viele Gasthäuser in Köln, von denen eine ganze Reihe empfehlenswert sind, aber das Essers ist einmalig.

Grande Milano

Hohenstaufenring 29 – 37
Telefon 242121
www.grandemilano.com
Mo – Fr 12 – 14.30 Uhr und 18.30 – 22.30 Uhr,
Sa 18.30 – 22.30 Uhr, So Ruhetag

Vorspeisen ab 15,50, Hauptgerichte ab 23
Menüs: 58, Trüffelmenü 78
Visa, MasterCard, American Express, Diners Club, Ec-cash

In keinem anderen Kölner Restaurant wird das sagenum-
wobene Luxusprodukt so ausgiebig zelebriert wie in dem
vornehmen, elegant weiß und mit Farbtupfern in Orange
und Blau ausgestatteten Grande Milano, wenn Hella Minotti
die Alba-Trüffeln mit weißem Handschuh und ernsthaftem
Mienenspiel über die Gerichte hobelt. Natürlich fallen auch
bei einem mythosbeladenen Naturprodukt Qualität, Geschmack und Wirkung je nach Lieferung unterschiedlich
aus, bei meinem Trüffelmenü lagen sie im oberen Bereich
der Mittelklasse. Dann wirken sie zwar nicht wie »der Kuss
von eine schöne Frau«, wie Dottore Alessandro Minotti,
Chefkoch und Inhaber der Trüffelkultstätte, das Wesen der
Trüffel an sich einmal beschrieben hat, aber sie bereiten
schon ein außergewöhnliches Vergnügen.

Zum Beispiel als hauchdünne Scheiben auf Blattspinat
und einem perfekt gebratenen Spiegelei und danach in
einem hervorragenden Risotto. Das sehr zarte, mit Parmaschinken und Büffelmozzarella gefüllte Rinderfilet all'italiana
war perfekt zwischen medium und englisch, die leicht süß
mit Marsala abgeschmeckte Sahnesauce rundete das pilz-
artig-erdige Aroma der Trüffeln passend ab. Zum Schluss
Ziegenkäse mit Trüffelhonig, Weintrauben und noch einmal
frischer Trüffel – und irgendwie kam es mir dann doch so

vor, als ginge ich nach diesem Essen etwas beschwingter als sonst nach Hause. Das kann zusätzlich am Wein gelegen haben: Minotti bietet sorgfältig ausgesuchte italienische Weine an, die überraschend fair kalkuliert sind. Erstklassigen Piemonteser Spumante, gereiften Tokai friuliano oder eine toskanische 2001er Riserva der Badia a Coltibuono bekommt man nur selten.

Im kleinen Bistro Pinot di Pinot nebenan liegen die Glaspreise für gute Landweine lediglich bei 3 bis 4 Euro. Dort essen Sie auch ohne Trüffel preiswert und gut. Klare Brühe mit dünnen Spaghetti und Kirschtomaten, klassisches Vitello tonnato mit zartem Kalbfleisch und cremiger Thunfischsauce, Gnocchi mit Tomatensauce und Mozzarella, Saltimbocca alla romana – alles einwandfrei zubereitet. Die schwarze Trüffel harmonierte prächtig mit den Seezungenfilets in ganz leicht gesüßter Sauce.

Nimmt man noch den freundlichen, aufmerksamen Service und die angenehm entspannte Atmosphäre in beiden Restaurants dazu, dann sind das viele gute Gründe, mal wieder hierhin zu gehen.

Guten Abend

Brüsseler Straße 55
Telefon 51 16 00
www.gutenabend.org
täglich 17 – 23 Uhr

Vorspeisen ab 4,50
Hauptgerichte ab 10
Ec-cash

Nicht nur alle Zutaten außer Lachs und Wild stammen hier von bio-zertifizierten Produzenten, auch das Gasthaus selbst ist bio-zertifiziert – Chefin Eva Dörfel muss also lückenlos nachweisen, dass sie nur von entsprechenden Erzeugern bezieht. Das Schöne ist: Hier kann man sich nicht nur darauf verlassen, dass wirklich »bio« drin ist, wo »bio« draufsteht, sondern auch auf die beeindruckende Küchenleistung. Auf der sehr akkurat handgeschriebenen Tageskarte stehen moderne Gasthausgerichte, die durchweg so sorgfältig zubereitet sind, dass ich sie am liebsten – grob geschätzt – mindestens drei Vierteln aller Kölner Gasthäuser als vorbildlich empfehlen würde, inklusive des hervorragenden Verhältnisses von Qualität und Preis.

Die Bio-Qualität macht sich vor allem beim Huhn und beim Schwein bemerkbar, bei denen die Unterschiede zwischen Turbomast und artgerechter Haltung hinsichtlich Eigengeschmack und Textur besonders deutlich werden. Davon kann man sich beim halben Hähnchen in heller, gebundener Estragonsauce mit Möhren und Gnocchi ebenso überzeugen wie beim sehr saftigen Kasselerkotelett mit herzhaftem Sauerkraut und gutem Kartoffelpüree. Ich kann mich schon gar nicht mehr erinnern, wann ich diesen Klassiker zum letzten Mal so lecker fand. Das Gleiche gilt für die feine

Kartoffelsuppe mit Champignons. Schon die Salate sind ein gelungener Auftakt: Superfrischer Feldsalat mit Kartoffeldressing und Rauchfleisch, zarte Spinatblätter mit kleinen Linsen und geräucherter Forelle oder der Granatapfelsalat mit etwas Endivie, Birne, Parmesan und gerösteten Mandelblättchen, alles passend und so dezent mit Balsamico und Öl abgeschmeckt, dass es nicht nur für das gute Gewissen ein reines Vergnügen ist. Auch die beiden großen Kohlrouladen mit einer Füllung aus Reis, Möhren und Paprika zur cremigen Tomatensauce sind nicht nur vegetariergeeignet, obwohl überzeugte Fleischesser wohl doch eher mit der deftigen Lammhaxe in einwandfreier Sauce zu grünen Bohnen und gebratenen Pellkartoffeln glücklich werden.

Bei den preiswerten offenen Weinen sind die deutschen weißen besser als die ausländischen, bei den roten lohnen sich besonders die Österreicher. Außerdem gibt es eine kleine Auswahl sehr guter Obstschnäpse, also alles, was man für einen gelungenen Gasthausbesuch braucht. Der sehr gastfreundliche Service und so angenehme Kleinigkeiten wie Filzkissen auf den Holzstühlen oder kleine weiße Stoffservietten machen den ungetrübten Gesamteindruck komplett.

Hase

St.-Apern-Straße 17 – 21
Telefon 25 43 75
www.hase-catering.de
Mo – Fr 12 – 15.30 und 18 – 23 Uhr,
Sa 12 – 17 und 19 – 23 Uhr, So Ruhetag

Vorspeisen ab 12
Hauptgerichte ab 18
Ec-cash

Der »Hase« ist eines dieser angesagten Großstadt-Szene-
restaurants mit hohem Stammgast-Anteil, die im Lauf der
Jahre ein fast fernsehklischeeartiges Eigenleben entwickeln.
Natürlich sind die meisten der Kellner mit weißen Hemden,
Krawatte und langen Schürzen Italiener, und auch die anderen sehen gut aus. Natürlich werden gerade die Damen
besonders aufmerksam begrüßt. Natürlich ist die Kulisse
bistroartig und sehr angenehm: viel vertäfeltes Holz mit ein-
gesetzten Spiegeln, eng gestellte kleine Tische, handgeschriebene Tafel mit mediterranen Gerichten zu gehobenen
Preisen. Die Kellner beherrschen ihren Job aus dem Effeff
und legen diese Mischung aus persönlicher Ansprache, flot-
tem Auftreten und guter Beratung an den Tag, die zur gesamten Atmosphäre passt. Doch, das hat schon was, und
auch Neulinge werden gerne aufgenommen.

Das Essen lohnt sich ebenfalls: Vorspeisen wie der Cannellone aus zarten Entenbrustscheiben auf Roter Bete mit
einer mit geröstetem Sesamöl abgeschmeckten, leichten
Mayonnaise oder saftige Kaninchenfilets mit Leber und
Feldsalat sind gelungene Beispiele für moderne Küche auf
anspruchsvollem Niveau. Saisonspezifisch gibt es tadellose
Spargel- und Steinpilzgerichte, außerdem Schmorgerichte
wie Kalbshaxe mit Semmelknödelfüllung und getrüffeltem

Wirsing in aromatischer Sauce. Und sehr frischen Fisch: erst-
klassiges, dickes Seesaiblingsfilet mit knuspriger Haut und
feinen Oktopusravioli. Da die Portionen nicht sehr groß sind,
bleibt noch Platz für einen süßen Abschluss – da kommt
die luftige Passionsfruchtmousse im Baumkuchenmantel
mit Mangoeis gerade recht.

Das gute, internationale Angebot an offenen Weinen
rundet die Gerichte passend ab, der fruchtig-trockene Rosé
Crémant von der Loire ist zum Aperitif durchaus eine preiswerte Alternative zum Champagner, während bei den kompetent ausgesuchten Flaschenweinen die Preise sehr schnell
über 30 Euro klettern. Aber so läuft er eben, der Hase, und
auch beim permanent großen Andrang läuft er rund.

Heising und Adelmann

Friesenstraße 58 – 60
Telefon 130 94 24
www.heising-und-adelmann.de
Mo – Sa ab 18 Uhr, So Ruhetag

Vorspeisen ab 11
Hauptgerichte ab 14
Menüs: 2 – 5 Gänge ab 29,50 bis 79
Visa, MasterCard, American Express, Ec-cash

Was die Gemütlichkeit angeht, muss man bei den Restaurants auf der Innenstadt-Partymeile des Sehen-und-Gesehen-Werdens naturgemäß Abstriche machen, wenn man mal vom Päffgen absieht. Auch das etablierte Szenerestaurant Heising und Adelmann mit dem zweckmäßig eingerichteten Gastraum hinter dem langen, schmalen Barbereich ist da keine Ausnahme, vor allem nicht freitags und samstags. Da werden zwar erst ab 22.30 Uhr die Stühle zum Tanzen hochgestellt, aber der Partydruck der feierwilligen Mittdreißiger und der Geräuschpegel steigen schon vorher ganz erheblich. Deswegen gilt alles, was ich hier schreibe, für diese beiden Tage nur bis ca. 21.30 Uhr – trotzdem gibt es einige gute Gründe, ins Heising und Adelmann essen zu gehen: eine außergewöhnlich gut eingespielte Servicecrew, die sich sehr aufmerksam und freundlich um die Gäste kümmert, eine sorgfältig zusammengestellte Weinkarte mit einer ganzen Reihe deutscher Highlights und eine interessante Speisekarte mit Gerichten, die sofort neugierig machen.

Zum Beispiel die sehr scharf mit original Sri-Lanka-Curry gewürzten Kalbskutteln mit knackigen Garnelen oder das Filet vom Thunfisch mit Räucheraalkruste und Bratkartoffeln – eine ebenso intelligent wie ungewöhnlich ausgeführte Zubereitung, bei der alles stimmte. Das erstklassige, dicke

Filet war innen rosa und saftig, das feine Raucharoma des Aals sekundierte mit genau passender Würze, und die Bratkartoffeln mit etwas gedünstetem Porree und pikantem Schnittlauch rundeten das Ganze leicht deftig ab – ein Paradebeispiel für anspruchsvolle Gasthausküche. In dieselbe Kategorie gehören der saftig-zarte Rindertafelspitz in einer pikant gewürzten Marinade aus Tomaten und Oliven und die sanft geschmorten Rinderbäckchen mit wunderbar dunkler Sauce und Pilzrisotto, zu dem die charmante Kellnerin einen perfekt harmonierenden Rheingauer Spätburgunder empfahl. Die Desserts sind zwar ziemlich teuer, machen aber den Preis über ihre Klasse problemlos wieder wett. Bei der Tarte lagen die sehr aromatischen, süßsäuerlichen Äpfel in einer dezent mit Rosmarin versetzten Creme auf knusprigem Mürbeteig, daneben ein cremiges Topfeneis. Der Orangenkuchen war schon Patisserie-Klasse: Fast so luftig wie ein Soufflé, mit Orangenschale und fein gehackten Haselnüssen aromatisiert und einem sahnig schmelzenden Nougatparfait daneben.

Wenn Sie sich aus der Classics-Karte ein 3-Gang-Menü zusammenstellen, hat der Preis schon fast Schnäppchencharakter. Und wenn im Sommer der Biergarten öffnet, gewinnt das Restaurant auch noch deutlich an Atmosphäre.

Kap am Südkai

Agrippinawerft 30
Telefon 35 68 33 33
www.kapamsuedkai.de
Mo – Fr 12 – 14.30 und 18 – 22.30 Uhr,
Sa 18 – 22.30 Uhr, So 12 – 22.30 Uhr

Vorspeisen ab 9,50
Hauptgerichte ab 21,50
Menüs: 35
Visa, MasterCard, American Express, Diners Club, Ec-cash

Von keiner anderen Restaurantterrasse Kölns ist die Aussicht schöner als von dieser im südlichen Rheinauhafen. Tagsüber genießt man einfach das in dieser Stadt nur selten zu erlebende Gefühl, Platz zu haben und den Blick unbehindert in den Himmel und über den Rhein schweifen lassen zu können. Abends bieten die Brücken mit den beiden alten Hafenkränen im Vordergrund ein so stimmungsvoll beleuchtetes urbanes Postkartenpanorama, dass es gar nicht leicht fällt, sich auf die Speisekarte zu konzentrieren. Die ist mit insgesamt etwa einem Dutzend modern-deutscher und mediterraner Gerichte sehr klein, was sich allerdings bei der Zubereitung aller Gänge in puncto handwerklicher Genauigkeit und präzisen Würzens positiv bemerkbar macht.

Da Küchenchef Steffen Kimmig außerdem offensichtlich sehr genau auf die Frische und hohe Qualität der verwendeten Produkte achtet, können Sie risikolos gleich das preiswerte und sehr stimmig aufgebaute 4-Gang-Menü bestellen. Das könnte zum Beispiel mit einer kurz gebratenen Jakobsmuschel auf erstklassigem Spargel mit Pesto-Balsamico-Vinaigrette beginnen, der ein sehr saftiges, dickes Filet vom Wolfsbarsch mit kross gebratener Haut und kleinen Linsen mit leicht süßsaurem Birnenchutney folgt. Beim Hauptgang beeindruckte neben den rosa gegarten Scheiben vom Kalbs-

rücken, dem superzart geschmorten Kalbsbäckchen und dem mit Kalbfleisch gefüllten Raviolo die sehr aromatische Sauce. Das Dessert war ebenfalls auf diesem Niveau: ein Birnen-crumble mit knusprigen Streuseln und cremig-fruchtigem Tamarillosorbet.

Bei der À-la-carte-Bestellung wird es natürlich etwas teurer, aber auch da stimmt das Verhältnis von Preis und Qualität. Der Schaum vom Kopfsalat war ein feines, leicht scharf abgeschmecktes Cremesüppchen mit sehr frischen Pfifferlingen und Jakobsmuschel als Einlage, und allein für den so originellen wie hervorragenden, lauwarm servierten Salat vom weißen Rettich mit Kürbiskernöl und Kürbiskernen auf einem Carpaccio von gepökelten Spanferkelbäckchen würde ich schon gerne wiederkommen.

Das kleine Angebot an deutschen und europäischen Weinen geht preislich und qualitativ in Ordnung, aber auf fachliche Beratung muss man weitgehend verzichten, und auch ansonsten fehlt den zwar freundlichen, aber unerfahrenen Serviceleuten etwas der Überblick. Trotzdem ist das Kap am Südkai eine gelungene Bereicherung der Kölner Gastronomieszene in der gehobenen Klasse, und wegen seines modern duchgestylten Interieurs bei jedem Wetter empfehlenswert.

L'Accento

Kämmergasse 18
Telefon 24 72 38
www.ristorante-laccento.de
Mo – Fr 12 – 15 und ab 18 Uhr, Sa ab 18 Uhr, So Ruhetag

Vorspeisen ab 11
Hauptgerichte ab 20
Visa, MasterCard, Ec-cash

Der Kontrast zwischen drinnen und draußen ist bei diesem italienischen Restaurant direkt gegenüber vom Agrippabad ziemlich groß: Die relativ eng gestellten Tische im kleinen Innenraum sind vornehm weiß eingedeckt, dagegen wirkt der mit vielen Pflanzen und einem Olivenbaum begrünte und von Ziegelmauern umgrenzte Innenhof, den man durch einen schmalen Flur erreicht, wie eine direkt aus Italien importierte Idylle.

Seit vielen Jahren kocht der Inhaber Franco Medaina für ein Publikum, das weitgehend aus Stammgästen besteht und den Kellner Enzo Cavallari, der zusammen mit der Chefin schon sehr lange für den Service zuständig ist, natürlich mit dem Vornamen anspricht. Außerdem gehört dieses Ristorante zu den wenigen italienischen Gastronomiebetrieben mit Anspruch in Köln, bei denen die Preise im Lauf der Jahre trotz Euro-Umstellung nur behutsam, also nachvollziehbar angehoben wurden, womit es tatsächlich im Verhältnis zur Küchenleistung preiswert geblieben ist. Das Angebot an offenen Weinen ist begrenzt, der trockene Prosecco ist als Aperitif sehr empfehlenswert, aber die ganzen Flaschen sind wesentlich attraktiver. Die Weißweine aus Norditalien passen zum Beispiel fast zu allen Gängen, die man von der hand-

beschriebenen Schiefertafel beim sehr freundlichen Patron persönlich bestellt.

Die schnörkellos zubereiteten, typisch italienisch-mediterranen Gerichte sind von verlässlicher Qualität. Beim Polipo-Salat mit dezenter Vinaigrette waren die zarten Oktopusstücke mit Flusskrebsschwänzen kombiniert, die hervorragenden, hausgemachten Tagliolini mit Zucchinischeiben und Fenchelbratwurst. Zu Franco Medainas Klassikern gehören die delikaten überbackenen Cannelloni, die mit Spinat und Ricotta gefüllt sind und in cremiger Tomatensauce liegen. Auch die gefüllten Baby-Calamari und die dicken, saftigen Steinbuttfilets mit einer kleinen geschmorten Fenchelknolle sowie die erstklassige Kalbsleber mit Salbei und die feinen Linguine Vongole sind immer auf diesem Niveau. Wenn es Schwertfisch gibt, sollten Sie sich den nicht entgehen lassen, weil dieser anderswo zu oft durchgegarte Fisch hier sehr kurz gebraten und saftig auf den Teller kommt. Und besonders an schönen Sommerabenden, wenn die Atmosphäre im Innenhof so richtig lauschig und romantisch wird, kommt man an der sahnigen Panna cotta oder dem intensiven, frisch gebackenen und innen noch flüssigen Schokoladenkuchen eigentlich nicht vorbei.

La Locanda

Zugweg 3
Telefon 310 93 70
Di – So 18 – 23 Uhr, Mo Ruhetag

Vorspeisen ab 7,50
Hauptgerichte ab 15
ausschließlich Barzahlung

Der Bürgersteig ist gerade breit genug für eine Reihe weiß eingedeckter Tische. Man sitzt von grünen Sträuchern eingerahmt direkt neben parkenden Autos, aber trotzdem wollen an warmen Sommerabenden alle draußen bleiben, obwohl das kleine, im Stil einer einfachen Trattoria eingerichtete Ristorante mit der nachgeahmten Fachwerkfassade und den Blumenkästen vor den Fenstern auch innen ganz gemütlich ist. Es hat eben ein ganz eigenes und für süditalienische Großstädte typisches Flair, mehr oder weniger an der Straße zu sitzen, und das passt gut zum La Locanda in der Südstadt. Noch bemerkenswerter ist der ausgesprochen herzliche Service sowie die Qualität des Essens zu sehr günstigen Preisen. Franco Bernardini, ein gebürtiger Sarde, kocht hier mit seiner Frau Spezialitäten seiner Heimat und andere italienische Gerichte auf eigene Art, für die immer gute und absolut frische Grundprodukte verwendet werden.

Endlich gibt es mal nicht nur wie üblich Rindfleischcarpaccio mit Rucola, sondern dünne, innen noch rosa gebliebene Scheiben vom Salzwiesenlamm mit Salat von weißen Bohnen als Vorspeise oder superzarte Kalbszunge mit Büffelmozzarella und kleinen Tomaten. Wunderbar die Spaghetti Bottarga, ein sardischer Klassiker, bei dem die Nudeln mit dem getrockneten und geriebenen Rogen der Meeräsche

vermischt werden – normalerweise kommt Olivenöl dazu, aber Franco Bernardini verwendet Butter, die das Aroma der Bottarga noch besser zur Geltung bringt. Ob hinter der Größe der Portionen ein System steckt, weiß ich nicht, jedenfalls sind schon die Primi Piatti sehr großzügig angelegt. Ein Secondi wie die auf den Punkt gegrillte Sepia, ein veritables Monsterstück mit Rucola und Tomaten, zum deftigen Grillaroma passend mit Zitronensaft abgeschmeckt, ist nach einer der genannten Vorspeisen nur für gestandene Esser zu bewältigen, ebenso wie die vier dicken, sehr saftigen Spanferkelkoteletts mit einem Berg von Tagliatelle. Auch bei der perfekt gegarten ganzen Dorade – entgrätet und mit Sommergemüse gefüllt – stand mir schon angesichts der Pasta-Beilage wieder der Schweiß auf der Stirn, aber dann esse ich ja doch wieder alles auf, weil es so gut schmeckt. Das ist gekonnt zubereitete, italienische Hausmannskost, wie man sie so in Köln nur sehr selten bekommt – nicht zum Sinnieren, sondern zum Schwelgen.

Die sardischen Weißweine sind gut und süffig, es gibt einen hervorragenden Hausgrappa, und die knusprigen Seadas sollten Sie sich ebenfalls nicht entgehen lassen: frittierte Teigtaschen, mit Ziegenfrischkäse gefüllt und mit Honig übergossen. Herrlich.

L'Imprimerie

Cäsarstraße 58
Telefon 348 13 01
Di – Fr 12 – 14.30 und 18.30 – 1 Uhr, Sa 18.30 – 1 Uhr
So/Mo Ruhetag

Vorspeisen ab 7,50
Hauptgerichte ab 18
ausschließlich Barzahlung

Es gibt einige Dinge, die Sie wissen sollten, bevor Sie zum ersten Mal dieses hallenartige Restaurant mit seinen rund 100 Plätzen in der ehemaligen Druckerei aufsuchen: Sie können keinen Tisch reservieren, Sie können nur bar bezahlen, es werden keine getrennten Rechnungen ausgestellt und Pfeiferauchen ist verboten. Es gibt kein Restaurantschild, also gehen Sie einfach in den Hinterhof, dann sehen Sie den Eingang. Dort erwartet Sie der Inhaber Gilles Berthier eher wie der Beauftragte eines Wachdienstes, der aufpasst, dass hier alle die von ihm vorgegebenen Regeln einhalten, als wie ein Patron, der Gäste empfängt. Der eigenwillige Franzose, dessen knurrig-kauziges Auftreten schon fast berüchtigte Legende ist, führt Sie an den von ihm vorgesehenen Tisch, und wenn Sie ihm widerstandslos folgen, beißt er auch nicht. Dann gibt er Ihnen noch die handgeschriebene Speisekarte mit typisch französischen Gerichten aus allen Regionen des Landes. Jetzt übernehmen die Kellner und Kellnerinnen, und manchmal lächeln sie sogar. Jedenfalls bringen sie so hervorragendes Essen in großen Portionen aus der offenen Küche, dass mir die hausgemachten Skurrilitäten eigentlich schon wieder egal sind.

Zum Beispiel zwei Scheiben großartige Entenstopfleberterrine mit süßem Schalottenconfit und kurz gebratene

Jakobsmuscheln auf mit Curry gewürzten Puy-Linsen. Die zarten Sardinenfilets auf in Scheiben geschnittenen Pellkartoffeln waren mit erstklassigem Olivenöl übergossen, dazu gab es Möhrenscheiben und Gemüsezwiebeln – eine wegen der hohen Qualität aller Produkte gerade durch ihre Einfachheit bestechende Vorspeise. Die klassisch pürierte Fischsuppe mit wunderbarer Safran-Aioli gehört zur besten ihrer Art in Köln, die elsässische Entenkeule auf saurem Kraut, das riesige, supersaftige Stück vom Rochenflügel und die knackig rosa gebratene Kalbsniere »à la grand-mère« mit Speck, Weißwein, Schalotten und Champignons in der üppigen Sauce sind Meilensteine französischer Kochkultur in einer Klasse, wie sie selbst in Frankreich nur noch selten geboten wird.

Die durchweg französische Weinauswahl hält das Niveau problemlos. Und irgendwie fühlte ich mich in diesem Restaurant-Unikum mit der gedämpften Neonröhrenbeleuchtung, dem Sammelsurium von bunten Plastik- und Holzstühlen und den Bistrodevotionalien an den weiß getünchten Backsteinwänden doch ganz wohl. Jedenfalls bis zu der umwerfenden Blätterteigschnitte, die fünflagig mit dicker Vanillecreme gefüllt war. Danach bin ich geplatzt.

Maybach

Maybachstraße 111 (Nähe Mediapark)
Telefon 912 35 98
www.maybach111.de
Mo – Fr 11.30 – 24 Uhr, im Sommer Fr 11.30 – 1 Uhr,
Sa 11.30 – 1 Uhr, So 10 – 18 Uhr, im Sommer 10 – 24 Uhr

Vorspeisen ab 5,90
Hauptgerichte ab 7,90
Menüs: Business Lunch 4,90
Visa, MasterCard, American Express, Ec-cash

Der Sonnenuntergang hinter den langsam über den Bahn-
damm fahrenden Zügen und der großen Wiese im Vordergrund gehört zweifellos zu den schönsten Momenten städ-
tischer Abendromantik, die die Kölner Gastronomie im
Sommer zu bieten hat. Aber auch wenn man keinen der be-
gehrten Tische mit dieser Aussicht erwischt und auch zu
jeder anderen Tageszeit hat der modern gestaltete Biergarten im Hof des ehemaligen Direktionsgebäudes des Güter-
bahnhofs eine sehr angenehme, entspannte Atmosphäre.
Wie gut der Service funktioniert oder wie lang die Wartezei-
ten für das Essen sind, kommt bei der weitläufigen Terrasse
natürlich auf die Tagesform der jeweiligen Mitarbeiter an.
Nur die Weinberatung liegt immer zwischen »der wird gerne
genommen« und »der hat ein gutes Preis-Leistungs-Verhältnis«, was hinsichtlich des Geschmacks wenig weiterhilft. Tatsächlich passen die Weine (mit Schwerpunkt Spanien) gut
zu den modern-internationalen Gerichten. Die Qualität des
Essens liegt deutlich über dem Durchschnitt üblicher Biergärten, und die Speisekarte lässt dem Gast freundlich die
Wahl, wie viel Geld er ausgeben will.

   Die preiswerte Pasta mit gut gewürzten, kleinen Brat-
würsten, guten Oliven und pikanter Chilibutter macht schon
satt, das gegrillte Sommergemüse reicht als kalte Vorspeise

problemlos für zwei. Bei den Fleischgerichten steigen die Preise durch den Anspruch der Köche, sehr gute Grundprodukte zu verwenden. Die Qualität des auf den Punkt gebratenen und sehr zarten Steaks vom US-Beef aus Nebraska mit Kartoffelpüree erreicht gutes Rindfleisch aus anderen Ländern zwar auch, aber die beiden Steaks vom iberischen Landschwein waren von einer einsamen Klasse, die konventionellen Mastschweinen völlig fehlt: sehr saftig, mit gutem Biss und Eigengeschmack, zu dem das Überbacken mit Tomate und Queso Manchego wunderbar passte. Auch beim dick geschnittenen Steak vom Ikarimi-Lachs mit einer feinen Beilage von frischen Steinpilzen in Sahne wird der Unterschied zu Massenzuchtfisch sofort deutlich, ebenso wie beim Steak vom Yellowfin-Thunfisch mit allerdings etwas banaler Teriyaki-Sauce und knackig frischem Salat.

Biergartenküche und sorgfältige Zubereitung müssen also tatsächlich nicht im Widerspruch zueinander stehen. Und wenn es für den Biergarten zu kalt ist, schmeckt es so auch im Restaurant.

Osteria Toscana

Dürener Straße 218
Telefon 40 80 22
Di – So 11.45 – 14.15 und 17.45 – 22.20 Uhr, Mo Ruhetag

Vorspeisen ab 3,50
Hauptgerichte ab 6,50
Menüs: 35
Visa, MasterCard, American Express, Diners Club

Das lodernde Feuer des offenen Steinofens können Sie schon von außen durch die großen Fenster sehen. Aber die guten Pizzen sind nicht der Grund, warum ich dieses Lokal empfehle – auch wenn zum Beispiel die Quattro Stagioni ausschließlich mit frischen Zutaten belegt ist. Dass ich hier gern esse, hat mit den etwa 15 Gerichten zu tun, die auf den von Hand beschriebenen Schiefertafeln stehen. Inhaber und Küchenchef Bruno Lucchesi kocht so kompromisslos italienisch, wie man es von einer richtigen Trattoria erwarten kann: schnörkellos und einfach, manchmal deftig und mit ordentlich Knoblauch, aber immer gekonnt abgeschmeckt.

Lucchesis Sorgfalt bis ins Detail zeigt sich schon beim gemischten kalten Vorspeisenteller, der aus verschieden zubereitetem Gemüse besteht, das trotz des Olivenöls kein bisschen fettig ist. Oder nehmen Sie den lauwarmen Fischsalat auf Rucola, der einfach mit einem kleinen Schuss frischen Olivenöls aromatisiert wird. Sämtliche Pastagerichte, ob mit Fleisch oder Fisch, sind einwandfrei, mein Favorit sind die Maccheroni Salsicce mit Bratwurststücken, kurz gedünstetem Rucola und kleinen Stückchen Staudensellerie, aber auch die in Pergament gegarten Spaghetti mit Muscheln und Meeresfrüchten sind große Klasse. Die zarte Kalbsleber »veneziana«, als Ragout mit gedünsteten roten

Zwiebelringen und Apfelstücken, ist mal was anderes als die übliche mit Butter und Salbei. Die Schmorgerichte sind ebenfalls tadellos: Die Kalbshaxenscheibe zerging auf der Zunge, und die Gemüsesauce dazu war präzise mit etwas Zitronenschale und Petersilie abgerundet. Einer der Höhepunkte war die in Weißwein und mit viel Rosmarin geschmorte Lammschulter am Knochen – ein Bild von einem Stück Fleisch, perfekt gegart und mit deutlichem Lammgeschmack. Die Beilagen zu den Hauptgerichten sind übrigens immer dieselben: Kartoffelgratin, Möhren, Zucchini – alles in Ordnung. Wenn Sie sich statt der passablen offenen Weine dazu noch eine Flasche wie den weißen Ribolla Gialla (eine alte Traubensorte) leisten, können Sie zusätzlich entdecken, wie gut dieser Wein zu fast allen Gerichten passt und auch mit dem Lamm harmoniert.

Meistens fällt mir erst beim Dessert wieder auf, wie eng man hier sitzt, dass die einfachen Holzstühle nicht besonders bequem und die Stoffservietten rosa sind und der Geräuschpegel hoch ist. Aber ist das in Italien anders? Und könnte ich deswegen zum Schluss auf das tolle Tiramisu oder auf die wunderbar luftig mit Marsala aufgeschlagene Zabaione verzichten? Nein. Und die habe ich auch nicht geteilt.

Oyster

Thürmchenswall 62
Telefon 992 32 71
www.oyster-restaurant.com
Mo – Sa 18 – 1 Uhr, So Ruhetag

Vorspeisen ab 9,50
Hauptgerichte ab 8,50 (kl. Portion), ab 14,50 (gr. Portion)
Visa, MasterCard, Ec-cash

»Einfach Restaurant« soll das Lokal des Betreiber-Duos Peter Foltynowicz (Koch) und Ralf-Peter Lembke (Service) sein, und das ist eine treffende Kurzzusammenfassung ihres geradlinig durchdachten Konzepts: kleine Tische aus dunklem Holz, Fliesenboden, kaum Deko an den Wänden und schmale Schiefertafeln im Thekenbereich, auf denen die sorgfältig ausgesuchten offenen Weine stehen. Eine übersichtliche DIN-A4-Seite als Speisekarte, die oft wechselt, weil hier ausschließlich mit frischen Produkten gekocht wird, einige bemerkenswerte Flaschenweine zu gastfreundlichen Preisen und der insgesamt so kommunikative wie flotte Service runden das Bild schon ab, bevor es mit dem Essen losgeht.

Das dürfen hier ruhig erst mal ein Dutzend sehr frischer Klasse-Austern sein, begleitet von einem erfrischenden Pfälzer Weißburgunder, der genauso gut zu den anderen Vorspeisen mit Meeresgetier passt: Das waren eine superzarte Sepia mit scharf-aromatischem Salat aus grünen Papayastreifen und sehr gelungene Miesmuscheln in einem pikanten und mit viel Kaffir-Limettenblättern gekochten Kokos-Curry-Sud. Aber auch wenn es nicht scharf wird, stimmt die Würze, wie bei der saftigen Thunfisch-Saltimbocca aus kurz gebratenen Fischstücken, die mit dünnem Schinken umwickelt sind, oder beim fein gebeizten Loup de mer und

Graved Lachs auf Passe-Pierre-Algen. Die Frische und Qualität aller Produkte ist beeindruckend, und das bei einem er-
staunlichen Preisniveau. Der halbe Hummer hatte, auch
wenn es nur ein kanadischer war, den typisch feinen Geschmack, der ihn über alle andere Krustentiere erhebt. Das
kleine gewürfelte Wurzelgemüse in einer sahnigen Weiß-
weinsauce und die schwarzen Nudeln ergänzten ihn ebenso
passend wie die bissfest gegarten Schwarzwurzeln und das
Ragout aus Herbsttrompeten und Kartoffeln den rosa gebratenen Rücken vom Frischling aus der Eifel. Zum hervorragenden Rehrücken mit sehr leckeren gebratenen Serviet-
tenknödeln war nur die Sauce etwas zu dunkel geraten, und
auch beim ganzen, aber entbeinten Stubenküken mit Stein-
pilzjus stimmte alles bis auf das Abschmecken der proven-
zalischen Füllung aus kleinen Kartoffelwürfeln, die zu domi-
nant mit frischen Kräutern versetzt war.

Die schön feiste Mousse au Chocolat mit Orangenfilets
war ein toller Schlusspunkt – und das ist zweifellos eine beeindruckende Gesamtbilanz für ein »einfach Restaurant«
mit berechtigt selbstbewusstem Understatement.

Paparazzi

im Radisson SAS Hotel
Messe Kreisel 3
Telefon 277 20 34 64
www.radissonsas.de
Mo – Fr 12 – 15 und 18 – 23 Uhr, Sa/So 18 – 23 Uhr

Vorspeisen ab 7,50
Hauptgerichte ab 12
Visa, MasterCard, American Express, Diners Club, Ec-cash

Im Vergleich zu den Berlinern, die die Bars und Restaurants ihrer großen Hotels wie selbstverständlich als Teil der städtischen Gastronomie nutzen, kommen die Kölner anscheinend eher selten auf die Idee, in einem Hotelrestaurant essen zu gehen. Wenn Sie es trotzdem einmal ausprobieren wollen, wäre das Paparazzi im Deutzer Radisson ein guter Auftakt. Das ist ein mit viel Naturstein und Holz sehr geradlinig modern-italienisch durchgestyltes Restaurant, in dem man sich auf Anhieb wohlfühlt. Die gut ausgebildeten Kellnerinnen fragen sofort aufmerksam und sehr freundlich nach Ihren Wünschen, bringen knuspriges Brot und gießen dazu ein exzellentes Olivenöl in kleine Glasschälchen. Das Brot wird in dem Steinofen gebacken, der Teil der großen offenen Küche in der Mitte des Restaurants ist. Deswegen können Sie auch vom Tisch aus zusehen, wie die hervorragenden Pizzen zubereitet werden. Die sind zwar deutlich teurer als in einer normalen Pizzeria, aber wegen der sehr guten und immer frischen Zutaten auch eine ganze Klasse besser. Der krosse Teig der Fiorentina war mit Mozzarella, Spinat und sehr dünn geschnittenem Bauchspeck belegt, die Paparazzi mit erstklassigem Parmaschinken, Rucola und blättrig geschnittenem Parmesan. Aber Küchenchef Giuseppe Bongiovi und seine Köche servieren auch andere italienische

Gerichte: Die wunderbare Cremesuppe vom Kopfsalat mit Tomatenwürfeln und Pesto als Einlage, die im kleinen, gusseisernen Tiegel knackig gegarten Garnelen mit viel Knoblauch in Olivenöl oder die Spaghetti mit vielen Pfifferlingen in der Sahnesauce sind durchweg gelungene Beispiele für schnörkellose Zubereitung und, obwohl sie zu den Primi Piatti zählen, schon ordentliche Portionen. Genauso empfehlenswert: die zwei großen, in der Grillpfanne gebratenen Kalbschnitzel zu Rucola und Parmesan und die Torta Limone, ein üppiges Stück Kuchen aus mit Zitronenschale abgeschmecktem Mascarpone.

Bei der kleinen Weinauswahl können Sie wenig falsch machen. Außer dem Pinot Grigio, der eben nur ein Pinot Grigio ist, schmecken die offen ausgeschenkten Weißen vom Gardasee und aus Sizilien, noch besser allerdings die Roten aus Norditalien. Dass es hier keinen Weinkühlschrank gibt, ist der einzige Stilbruch dieses Hotels, in dem Sie bei schönem Wetter zusätzlich den – ebenfalls italienisch angelegten – Innenhof genießen können. Da fühle ich mich dann tatsächlich wie im Urlaub in der eigenen Stadt.

Scampino

Deutz-Mülheimer Straße 199
Telefon 61 85 44
www.scampino-koeln.de
Mo – Fr 12 – 14 und 18 – 24 Uhr, Sa/So 18 – 24 Uhr

Vorspeisen ab 9,80
Hauptgerichte ab 15,60
Menüs nach Absprache
Visa, MasterCard, American Express, Ec-cash

Die beiden rotbauchigen Piranhas in dem Aquarium auf der Theke haben Glück gehabt, obwohl sie angeblich ganz gut schmecken sollen. Denn ansonsten kommt in diesem reinen Fisch- und Meeresfrüchterestaurant mit großer Terrasse so ziemlich alles auf den Tisch, was unter der Wasseroberfläche schwimmt und krabbelt. Glück haben auch die Gäste: Bei allen Zubereitungen stimmten die Garzeiten ganz genau, und das ist erst mal ein ausdrückliches Sonderlob an die Köche wert.

Selbst die in schäumender Knoblauchbutter gebratenen Sardinen waren zart und saftig geblieben, obwohl sie noch brutzelnd in der Eisenpfanne serviert werden. Noch heikler ist dieses Verfahren bei den empfindlichen Baby-Calamari, die sich bei großer Hitzezufuhr schnell in Radiergummis verwandeln können, aber diese hier waren absolut zart. Außerdem gefallen mir die klaren, fast schon puristischen Strukturen der Hauptgerichte: Als Beilage gibt es unterschiedliches Gemüse immer noch mit etwas Biss, dazu feine Saucen oder frische Kräuter zu den Fischen, die von durchweg guter Produktqualität sind. Die hervorragenden Butterfischfilets lagen in einer cremigen, aber trotzdem leichten Kerbelsauce, und zum Schwertfisch gab es sogar Lavendel, was wegen dessen sehr intensiven Aromas grundsätzlich ein

ziemlich riskantes Unterfangen ist. Aber weil er vorsichtig genug dosiert und mit dem Fisch in der Butter gebraten war, setzte der Lavendel zwar seinen typischen, in dieser Variante aber interessant würzigen Geschmackspunkt, der nichts mit dem für mich eher abschreckenden Duft von Kleiderschränken hat, in denen Bettwäsche aufbewahrt wird. Bei der klaren, präzise abgeschmeckten Fischsuppe mit Filetstücken und einem Scampo darin war das namensgebende Meerestier knackig frisch, und wenn es vorher geschält worden wäre, hätte ich auch nicht mit den Fingern in die Suppe fassen müssen. Ebenfalls bemerkenswert: der gebratene Schafskäse mit Provencekräutern und Salat, den man sich passend zum Aperitif teilen kann, und das sehr frische Weißbrot.

Das kleine Angebot an offenen Weinen ist eigentlich nicht der Rede wert und zu heftig kalkuliert – im Gegensatz zu den Flaschenweinen, die mit viel Sachverstand ausgesucht sind. Von den sehr freundlichen Kellnern können Sie trotzdem nur wenig Hilfe bei der Weinkarte erwarten, im Zweifelsfall nehmen Sie einfach einen Weißen vom Gardasee. Das ist frischer und geschmeidiger Wein, der zu allen Gerichten hier passt.

Thai Haus

Händelstraße 28
Telefon 245504
täglich 18 – 24 Uhr

Vorspeisen ab 4
Hauptgerichte ab 8,50
Menüs: für 2 Personen 40
Visa, MasterCard, American Express, Ec-cash

Meine Annäherung an thailändische Schärfegrade fiel erst noch relativ defensiv aus. Wer weiß denn schon genau, ob die ein bis drei kleinen Chilischoten, die bei den verschärften Gerichten auf der Speisekarte vermerkt sind, den europäischen Esser eher darüber informieren oder davor warnen sollen, was auf ihn zukommt?

Bei meiner Bestellung lächelt die freundliche thailändische Kellnerin beruhigend und bestätigt: »Nicht so scharf.« Kurze Zeit später bringt sie die Suppe mit zartem Hühnerfleisch und frischen Champignons in Kokosmilch, dezent mit dem immer leicht parfümartig wirkenden Galgant und Zitronengras abgeschmeckt. Das folgende Hühnerfleisch mit (chinesischen) Morcheln und Cashewnüssen ist schon würziger, aber immer noch nicht scharf, die zarte Entenbrust mit sehr knuspriger Haut liegt auf frischer Ananas und gut ausbalancierter süßsaurer Sauce. Trotzdem werden die Gerichte mit zunehmender Schärfe aromatisch interessanter, weil hier generell mit relativ wenig Salz gekocht wird. Der Glasnudelsalat mit Hühnerfleisch, knackigen Krabben, viel Thai-Basilikum und frischem Koriander (eine Chilischote) war eher pikant als wirklich scharf und selbst die Fischfilets in roter Currysauce (zwei Chilischoten) blieben noch absolut im grünen Bereich. Die Mutprobe mit den drei Chilischoten

war dann Phad Ped Pladok, eine Spezialität aus dem zentralen Tiefland: dicke Welsfilets, schön kurz gebraten, mit Bambussprossen, thailändischer Aubergine, frischen Kräutern und klein geschnittenen Chilischoten in der roten Currysauce. Schon ziemlich scharf, aber nicht zerstörerisch gegenüber dem frischen Gemüse oder den Geschmackspapillen, und vor allem eine in sich stimmige Spezialität. Ebenso wie das mit einer Chilischote indizierte vegetarische Phad Prik Pak Bu, das auf der Karte mit »Sumpfgemüse« übersetzt ist – dahinter verbirgt sich eine große Portion gut gewürzter, gedünsteter Wasserspinat.

Von den Vorspeisen sollten Sie die ungewöhnlichen panierten und frittierten Käsebällchen aus jungem Gouda und Frischkäse probieren. Ebenfalls sehr empfehlenswert: die gebackenen, mit einer Mischung aus Gemüse und Krebsfleisch gefüllten Scheren des Krabbeltiers und das Sangkaya, ein ziemlich süßes, aber gleichzeitig leicht salziges, warmes Dessert aus Kokosmilch und -flocken. Typischer thailändisch geht's wohl nicht mehr, außer beim Service: Das Besitzerehepaar Mangrai und sein asiatisches Team betreuen die Gäste selbst bei vollem Haus so lächelnd, aufmerksam und entspannt, dass man den Aufenthalt hier auch fernöstlich-kulinarische Wellness nennen könnte.

Vintage

Hahnenstraße 37
Telefon 920 71 10
www.vintage.info
Mo – Sa 11 – 24 Uhr, Sa 12 – 23 Uhr, So Ruhetag

Vorspeisen ab 9,50
Hauptgerichte ab 15,90
Menüs: 3 Gänge ab 33,50, 4 Gänge ab 46,50
Visa, MasterCard, American Express, Diners Club, Ec-cash

Kleckern war ja noch nie die Sache der beiden Eventgastronomen Claudia und Michael Stern, aber nun klotzen sie im neu gestalteten Riphahn-Bau so richtig in die Genuss-Offensive. Inzwischen ist neben den schon etablierten Eventsalons auch das Restaurant in das stilvolle 50er-Jahre-Gebäude umgezogen und macht die multifunktionale Location komplett.

Die eher zweckmäßige Einrichtung des Restaurantbereichs mit Wein und Feinkost in den Regalen ist wie vorher, dazu gibt es aber jetzt eine große Bar mit Theke, ein bibliothekartiges, mit Weinflaschen statt Büchern ausstaffiertes Rundzimmer und eine große Dachterrasse. Die ist bei schönem Wetter eine Attraktion für sich, wenn die Sonne hinter dem Hahnentor untergeht und sich der Verkehr beruhigt. Im sanften Abendlicht sorgt sogar der Blick zur anderen Seite über den Neumarkt für in Köln wirklich rar gesäte Großstadtromantik. Die ruft sofort nach prickelnden Getränken, und das muss hier nicht unbedingt Champagner sein: Erstklassige Sekte wie der Rosé Prestige Brut von Raumland erfüllen die Aufgabe absolut gleichwertig. Weitere Empfehlungen aus der exzellenten Weinauswahl erübrigen sich bei einer Sommelière wie Claudia Stern, deshalb lassen Sie sich am besten vor Ort beraten.

Der Umzug hat offensichtlich auch den Ambitionen der Küche gutgetan. Die deutsch-mediterranen Gerichte sind wesentlich interessanter und sorgfältiger zubereitet, als ich das von der Pfeilstraße in Erinnerung habe. Ausgesprochene Highlights waren bei den Vorspeisen die marinierten Scheiben vom sehr saftigen Hämchen in Kürbiskernvinaigrette mit gegrilltem grünen Spargel und die Jakobsmuscheln mit Püree vom Blumenkohl. Bei den Hauptgängen punkten die Köche mit der hervorragenden Produktqualität und genauen Garzeiten, wie beim dicken, auf der Haut gegrillten Filet vom Bocca d'oro (Adlerfisch) mit dicken Bohnen und einer Sauce von roter Paprika oder dem sehr saftigen Zanderfilet mit Spitzkohl und passend dezenter Senfsauce. Die Fleisch-gerichte treffen genau die Linie zwischen deftig und fein: Das hervorragende Kotelett vom Ibérico-Schwein lag auf einer einwandfreien, cremigen Gemüsepaella, die eher ein Risotto war, und die hocharomatische, sehr saftig geschmorte Schulter vom Müritzlamm mit Bohnenragout dürfte jeden Fleischesser entzücken, der wie ich Filets eher langweilig findet.

Der professionelle und sehr freundliche Service läuft im neuen Haus schon wieder weitgehend rund. So wie es aussieht, war das wohl insgesamt ein gelungener Umzug.

Wackes

Benesisstraße 59
Telefon 257 34 56
www.wackes-weinstube.de
Di – So 16 – 1 Uhr, Mo Ruhetag

Vorspeisen ab 7,50
Hauptgerichte ab 16,50
Menüs: 19,50
Ec-cash

Nicht nur die putzig-bunte Fassade des schmalen Hauses mit der großen, rotweiß gestreiften Markise ist exakt so nachgebaut wie bei den traditionellen Gasthäusern im Elsass. Auch die auf drei Etagen verteilten Gasträume des Restaurants mit den dunklen Holzbalken des nachgeahmten Fachwerks und dem leicht schummrigen Licht wirken so, als wäre man in einer anderen Welt gelandet. Dass dieses Ambiente trotz der rotweiß karierten Decken auf den quadratischen Holztischen, der bunt bemalten Teller und der kleinen Tonkrüge für die offenen Weine nicht den Eindruck macht, als setze es vordergründig auf die Wirkung kitschiger Folklore, hat mit dem Besitzer Romain Wack zu tun. Für den leidenschaftlichen Elsässer ist sein Lokal nun schon seit mehr als 25 Jahren ein Stück Heimat, in dem er sich selbst wohlfühlen will.

Dementsprechend ist das Essen Elsass pur: Fast alle Gerichte sind herzhaft zubereitet, was man aber keinesfalls mit deftig verwechseln darf. Das gilt für den Flammkuchen aus sehr knusprigem Brotteig mit Crème fraîche, Zwiebeln und leicht geräuchertem Bauchspeck in feinen Streifen ebenso wie für den Feldsalat mit Tomaten und geröstetem Speck in einer leicht sämigen Kartoffelvinaigrette. Unbekanntere Spezialitäten sind die Grumbeerküchle – gebratene Kartoffelplätzchen aus leckerem Püree, mit würzigem Munster über-

backen – und die hausgemachte, mit frischem Bohnenkraut gewürzte Kartoffelbratwurst zum Linsensalat. Die Vorspeisen fallen schon ziemlich groß aus, reichen also gut für zwei, bis auf die hervorragende Entenleberterrine und das dezent mit Piment aromatisierte Gewürztraminergelee dazu – die würde ich aber sowieso nicht gerne teilen. Die Hauptgerichte wechseln saisonal: sehr zartes Kalbsgeschnetzeltes mit Champignons in üppiger Rahmsauce mit tollen handgeschabten Spätzle, geschmortes Milchzicklein in Riesling-Liebstöckel-Sauce oder saftige Schweinebäckchen in einer tiefdunkel glänzenden Weinsauce mit Karottenpüree – alles bestens abgeschmeckt und auf den Punkt gegart.

Bei der Weinauswahl berät Wack persönlich und passend zum Essen. Wenn Sie keine Elsässer wollen, hat er auch gute Flaschen aus anderen französischen Regionen zu akzeptablen Preisen – fast alle Weine gibt es glasweise. Aber wenn man sich hier erst einmal so richtig warm gegessen hat, darf es immer gerne noch ein zweites Fläschchen sein.

Toll und Teuer

Alfredo

Tunisstraße 3 (Am Opernhaus)
Telefon 257 73 80
www.ristorante-alfredo.com
Mo – Fr 12 – 15 und 18 – 23.30 Uhr, Sa/So/Feiertag Ruhetag

Vorspeisen ab 11
Hauptgerichte ab 19,50
Menüs: 5 Gänge 55
American Express, Ec-cash

Ich weiß nicht, wie gut der ausgebildete Opernsänger Roberto Carturan singt, wenn er freitagabends nach dem Dessert mit Pianobegleitung auftritt. Aber sein Auftritt als Küchenchef ist in jeder Hinsicht virtuos. Wenn der immer gut gelaunte Italiener mit unnachahmlicher Grandezza alle Gerichte des Tages als seine »heutigen Favoriten« vorträgt, scheinen seine Hände die Worte zu dirigieren. Wäre ich eine Frau, müsste ich mich vermutlich für befangen erklären, weil ich das Essen nach dieser charmanten Einstimmung nicht mehr unvoreingenommen beurteilen könnte. So kann ich Ihnen aber mit der gebotenen Distanz sagen, dass alle Gänge zum Besten gehören, was Sie in der Kölner Spitzengastronomie erleben können. Außerdem betreuen Susanne Carturan und ihre Kellner die Gäste in dem schlicht-vornehmen Ristorante gleich neben der Oper so freundlich und professionell, dass es eine Freude ist.

Besonders Carturans Gerichte mit Fischen und Meeresfrüchten von extremer Frische und superber Qualität sind grandios, ihre filigrane Schwerelosigkeit ist immer wieder faszinierend. Ob drei Langustinos auf einem lauwarmen Kartoffelsalat mit kleinen Gurkenstückchen und Tomatenwürfeln oder ein kühles Carpaccio von der Dorade in einer Olivenölemulsion mit Basilikum und grünem Pfeffer –

jedes einzelne Produkt kommt aromatisch zur Geltung und spielt trotzdem harmonisch mit den anderen zusammen. Das ist wie beim Steinbutt mit Streifen von enthäuteter roter Paprika kulinarischer Purismus in Perfektion, die ein Koch nur mit absolut präzisen Garzeiten und einem enormen Verständnis für Geschmacksbalance erreichen kann. Dies beweist Carturan genauso bei der extrem feinen Kalbsleber mit Salbei und grünen Bohnen. Die Pasta wie Spaghetti all'amatriciana mit wunderbarem luftgetrockneten Bauchspeck und passend dosierter Chili-Schärfe oder die Cappellini mit kleinen, in der Tinte gegarten Calamaretti bieten leicht deftige Kontraste zu den delikaten Gerichten.

Die Desserts schließlich sind ebenfalls eine Wonne: Sowohl die mit einer üppig-samtigen Creme gratinierten Beeren zum Ziegenfrischkäse-Eis als auch die mit Tupfern einer Safranessenz veredelte Sahnemousse in einem knusprig-dünnen Cannellone zum Panettone-Eis waren so hinreißende Süßigkeiten, dass meine Frau vorschlug, beim nächsten Mal doch gleich damit zu beginnen. Das kann nicht nur an Carturans Charme gelegen haben, sondern hatte vermutlich auch mit den italienischen Weinen zu tun, die das Essen hier endgültig zu einem Fest für die Sinne machen.

Börsen-Restaurant Maître

Unter Sachsenhausen 10-26
Telefon 13 30 21
www.restaurant-maitre.de
Mo – Fr 12 – 14.30 und 18 – 21.30 Uhr,
Sa 18 – 21.30 Uhr, So/Feiertag Ruhetag

Vorspeisen ab 23
Hauptgerichte ab 29
Menüs: 4 Gänge 72
Visa, MasterCard, American Express, Diners Club, Ec-cash

Nicht nur von der Aussprache her klingen die Wörter »alt-modisch« und »old-fashioned« ganz unterschiedlich. Im Eng-lischen schwingt da viel augenzwinkerndes Verständnis für die Stilistik einer vergangenen Epoche mit, die aber durchaus ihren eigenen Reiz entwickeln kann. In diesem Sinne wirkt das etwas in die Jahre gekommene 70er-Jahre-Interieur des Börsenrestaurants mit seinem blauen Teppichboden und dem gediegenen Vogelaugenahorn-Furnier, mit den vielen Verspiegelungen an Decken und Wänden und all den Tiffany-Accessoires heutzutage zwar etwas skurril. Aber kaum hat man an den großen, elegant eingedeckten Tischen Platz ge-nommen, atmet man unwillkürlich tief durch und entspannt sich in dieser ruhigen Atmosphäre wie von selbst. Das liegt auch an dem Service alter Schule, den Restaurantchef Jan-Marc Teeuwsen und seine Mitarbeiter hier pflegen: gelassen, gastfreundlich, kompetent, zuvorkommend und mit der selbstverständlichen Ausstrahlung: »Bei uns sind Sie immer gut aufgehoben«.

Küchenchef Erhard Schäfer präsentiert wie eh und je seine von modischen Gastronomietrends völlig unbeein-flusste, klassisch französische Linie zeitloser Haute Cuisine, und das ist eine wahre Wonne: erstklassige, knackig sautier-te Jakobsmuscheln und Garnelen mit einer Mousse von Krus-

tentieren und Korianderschaum, sehr zartes Kalbsbries in aromatischer Trüffeljus und gebratene Wachtel auf jungem Kohlrabi und eine umwerfende Terrine von Hummer und Wildlachs, mit Gemüse eingebettet in ein perfektes Gelee und abgerundet von frischen Kräutern mit hellgrünem Schmand – alles höchst präzise gegart und abgeschmeckt, genauso wie die Hauptgänge. Zur bretonischen Felsenrotbarbe war der geschmorte Fenchel in der wunderbaren Beurre blanc genau die richtige exquisite Beilage. Dasselbe gilt für das dicke Medaillon vom Seeteufel und die knusprig gebackenen Kalbskopf-Rechtecke zu kurz sautierten Gemüsestreifen »à la chinoise«.

Die üppigen Desserts sind eine Klasse für sich: Stellvertretend für die grandiose Patisserie schwelge ich jetzt nur noch mal kurz gedanklich in dem sahnigen Baileys-Creme-Parfait auf dem gelben Carpaccio von reifer Ananas mit roten Sorbettupfern von der Wildkirsche. Auch das ist natürlich alles »old-fashioned«, aber kein anderer Koch in Köln kriegt das so großartig hin wie Erhard Schäfer. Schön zu wissen, dass Gutes bleibt.

Gut Lärchenhof

Hahnenstraße, 50259 Pulheim-Stommeln
Telefon 02238 – 923 10 16
www.restaurant-gutlaerchenhof.de
täglich 12 – 14 und 18 – 22 Uhr

Vorspeisen ab 23
Hauptgerichte ab 36
Menüs: 65
Visa, MasterCard, American Express, Diners Club, Ec-cash

Über das Ambiente dieses erstklassigen Restaurants im Clubhaus der Golfanlage kann man geteilter Meinung sein, über die Qualität des Essens und die spektakuläre Weinkarte nicht. Küchenchef Bernd Stollenwerk steht für einen modernen Kochstil auf klassischer Basis, der von den Avantgarde-Köchen aus Frankreich und Spanien beeinflusst wird, aber trotzdem ein eigenes Profil hat. Die Gäste sitzen abgetrennt von den Golfspielern im Bistro, im selben großen Raum mit der trägerlosen Dachkonstruktion aus hellem Holz. Die Tische sind vornehm mit Tafelsilber und Weingläsern eingedeckt, aber erst wenn es dunkel wird sorgen die Wandleuchten, die vasenartigen Tischkerzen und die Blumengestecke für eine sinnliche Atmosphäre. Das Manko im Hellen machen die junge Sommelière Theresa Rokosch und der junge Restaurantleiter Christoph Barciaga mit großer Kompetenz sofort wieder wett. Die beiden setzen ihr professionelles Verständnis von Service so locker und freundlich um, dass ich sie ohne Umschweife zum besten Nachwuchsteam der Liga deutsche Spitzengastronomie küren würde, wenn ich in der Sportberichterstattung tätig wäre.

Und auch auf den Tellern geht es richtig rund. Das große Menü begann mit einem geschichteten Riegel aus moussiger Gänsestopfleber, geräuchertem Aal, grünem Apfel und

Cidregelee, bei dem sich Würze und Frische wunderbar ergänzten. Bei der hervorragenden Tiefseegarnele zu feinen Königsberger Klopsen mit Kapern und Sellerie-Möhren-Julienne stimmten Garzeiten und feines Abschmecken ebenso wie beim perfekten Steinbuttfilet in hauchdünn-knuspriger Brotkruste zum getrüffelten Spinat. Die Tranche vom US-Beef mit intensivem Ochsenschwanzragout und bissfest geschmortem Chicorée, alles umspielt von einer subtilen Jus, war ein weiterer Höhepunkt dieses Menüs, das seine Spannung bis zum Schluss hielt: Das Dessert bestand aus einem superben Dreierlei vom Pfirsich mit Himbeerschaum, Eis und heißem Crumble mit Rosmarin. Manchmal brillieren die Köche mit ebenso kreativen wie gelungenen Spielzügen: Carpaccio von der geräucherten Milchkalbshaxe, Graupen mit Liebstöckelvinaigrette, mit Tatarsauce gefüllter Raviolo und Garnele oder ein umwerfendes Zusammenspiel von mit Sternanis und Sechuanpfeffer gewürztem Bauch und zartem Rücken des Ibérico-Schweins, Steinpilzen, Aprikosenstückchen und weißem Bohnenpüree.

Auf der Weinkarte stehen neben den großen Namen viele sehr gute bezahlbare Flaschen um die 30 Euro, die offenen Weine sind genauso empfehlenswert. Schade nur, dass es für Kölner ein Auswärtsspiel ist. Einer muss fahren.

Husarenquartier

Schlossstraße 10, 50374 Erftstadt-Lechenich
Telefon 02235 – 50 96
www.husarenquartier.de
Mi – So 12 – 14 und 18.30 – 22 Uhr, Mo/Di Ruhetag

Vorspeisen ab 12
Hauptgerichte ab 21
Menüs: 34
Visa, MasterCard, American Express, Diners Club, Ec-cash

Alte Kasernen sind generell sicherlich kein besonderer Grund für einen Ausflug aufs Land. Wenn aber die historischen Gebäude einer Kaserne aus dem 18. Jahrhundert stammen und in dem ehemaligen Quartier der Husaren einer der besten Köche Deutschlands sein Restaurant hat, dann schon. Herbert Brockel gehört zu den eher ruhigen Spitzenköchen im Lande, die wenig in den Medien auftauchen, dafür aber umso mehr Energie in ihre Arbeit am Herd stecken. Natürlich verwendet Brockel erstklassige Produkte, und seine nach Jahreszeiten wechselnden Gerichte sind immer wieder sehr anspruchsvolle und ideenreiche Varianten klassischer deutscher und mediterraner Küche, bei denen er Gewürze und frische Kräuter virtuos einsetzt.

Eine grüne Bohnensuppe serviert der Küchenchef zum Beispiel cremig püriert im Glas, auf dessen Boden kleine Tomatenwürfelchen mit Thymianblättchen liegen. Die Suppe ist dezent mit Majoran, Rosmarin und Estragon abgeschmeckt, dazu gibt es ein Spießchen mit zartem Lammfleisch – so wird aus einem ursprünglich deftigen Eintopf eine hocharomatische Delikatesse. Dem marinierten Makrelenfilet gibt Brockel eine sanfte Kartoffelcreme mit auf den Weg, bei der Wasabi einen leicht scharfen Akzent setzt, und das mit einer knackigen Garnele gefüllte, superzarte

Stubenküken liegt neben Bärlauchrisotto, grünen Spargel-spitzen und hocharomatischen Morcheln in einer sehr cre-miger Sahnesauce. Selbst eine scheinbar einfache Vorspeise wie zwei Tomatensüppchen (eine cremige und eine klare) mit tomatisiertem Mozzarella und erstklassigem Olivenöl als Beilage besticht durch höchst präzise Zubereitung und sehr nachhaltigen Geschmack. Andere Gerichte sind wiederum sehr aufwendig zubereitet, wie das Steinbuttfilet mit Kalbs-kopfscheibchen, Steinpilzen und Pfifferlingen, dazu Ragout aus Kalbskopfwürfelchen, Sellerie und Kapern.

Die persönliche Art, mit der sich die immer gut gelaunte Jutta Brockel und ihr Serviceteam um die Gäste kümmern, macht einen Besuch dieses Restaurants schon beim ersten Mal zu einem beinahe familiär vertrauten Vergnügen. Au-ßerdem sucht Restaurantleiter Stefan Krüger aus seiner fast ausschließlich deutschen Weinkarte immer den passenden heraus, der dann auch noch trinkfreundlich kalkuliert ist. Und besonders die Desserts mit Schokolade sind grandios: Von der intensiven Schokoladenganache mit Joghurtkalt-schale und Cassissorbet oder der superben Donauwelle mit dunkler Mousse und Vanilleeis träume ich heute noch. Und daran ist nicht das Gläschen Saarburger Rausch als Dessert-wein schuld. Der hat nur elf Prozent.

La Société

Kyffhäuserstraße 53
Telefon 23 24 64
www.lasociete.info
täglich ab 18.30 Uhr

Vorspeisen ab 19
Hauptgerichte ab 27
Menüs: 6 Gänge ab 60
Visa, American Express, Diners Club, Ec-cash

Wenn sehr gute Köche nicht nur durch ihr Restaurant, sondern auch im Fernsehen bekannt werden, beschleicht unsereins das ungute Gefühl, dass sie zu wenig in ihrer eigenen Küche stehen. Bei Mario Kotaska muss man sich da keine Sorgen machen. Einerseits kocht er noch regelmäßig an seinem sehr beengten Arbeitsplatz vor Ort, andererseits hat er mit seinem stellvertretenden Küchenchef Dominic Jeske einen genauso begabten Koch an der Seite, sodass man keine Klassenunterschiede auf dem Teller feststellt, wenn Kotaska vor der Kamera steht. An der hohen Qualität der verwendeten Produkte ändert das ohnehin nichts, und das gesamte Team beherrscht die Regeln des Handwerks von den Garzeiten bis hin zum ziemlich offensiven, kräftigen Abschmecken.

Deswegen funktioniert hier auch das muntere, aber aromatisch genau durchdachte Spiel der Kombinationen von Meeresfrüchten, Fisch und Fleisch oder Geflügel genauso gut wie das mit Obst und Gemüse oder Getreide. Beim knusprig auf der Haut gebratenen Zander mit dicken weißen Bohnen und Tomatengelee wirkt das noch verhalten puristisch, während es bei den superfrischen Jakobsmuscheln auf Spargelsalat mit einer Mousse vom Parmaschinken und marinierter, sehr zarter Kalbszunge schon an Spannung zulegt. Aber wie die Köche eine erstklassige Rotbarbe auf einem Cous-

cous mit Aprikosen, Korinthen und geräucherten Tomaten zum Senfsalat aromatisch ausbalancieren, ist einfach grandios, und diese Art zu kochen hat ihnen vor zwei Jahren prompt einen Michelin-Stern eingebracht. Auch die gelungene Vereinigung von knackigen Garnelen mit grünem Spargel, Erdbeeren, Erbsenschoten und anderem Gemüse, untermalt von einer Erdnuss-Aioli, lebt von den präzise gesetzten Akzenten, die man gar nicht alle bei jedem Gang aufzählen kann. Die Desserts sind durchweg umwerfend: Die Zutaten des Klassikers Pêche Melba, weiße Pfirsiche, Himbeeren und Vanille, sind gekonnt in fünf verschiedene Zubereitungen aufgefächert, und die mit Olivenöl aufgeschlagene Mousse aus dunkler Schokolade zu einem Sahneeis mit Olivenstückchen darin und einer superben Limonentarte ist nichts weniger als sensationell.

Dazu kommt die sehr kompetente Beratung von Sommelier Sascha Bauer, der bei den rund 400 Weinen hilft, und der professionell-freundliche Service des Teams um Restaurantleiter Stefan Helfrich. Wenn Sie jemals Bedenken gegen den Besuch eines Sterne-Lokals in Bezug auf überzogene Preise oder vornehmes Getue hatten, dann gehen Sie mal hierhin. Das La Société ist in Köln sicherlich das lockerste seiner Art.

Le Moissonnier

Krefelder Straße 25
Telefon 72 94 79
www.lemoissonnier.de
Di – Sa 12 – 15 und 19 – 24 Uhr, So/Mo Ruhetag

Vorspeisen ab 19
Hauptgerichte ab 31
Menüs: 4 Gänge 57,50 (außer Fr und Sa Abend),
6 Gänge 91 (nur Fr und Sa Abend)
Visa, MasterCard, Ec-cash

Seit mehr als 20 Jahren betreiben Vincent Moissonnier und seine Frau Liliane nun schon dieses Jugendstil-Bistro mit den eng gestellten kleinen Tischen und den großen Spiegeln. Aber auch wenn das Ambiente inzwischen ordentlich Patina angesetzt hat, zeigen weder Chefkoch Eric Menchon mit seiner hervorragend eingespielten Mannschaft am Herd noch der Patron und sein quicklebendiges Serviceteam irgendwelche Ermüdungserscheinungen. Sie spielen auch nach dem zweiten Michelin-Stern weiterhin auf allerhöchstem Niveau, und da Veränderung und Weiterentwicklung wesentlich zu Menchons »international-verrücktem« Kochstil gehören, ist ein Ende des kulinarischen Höhenflugs noch lange nicht abzusehen.

Manchmal treibt Eric Menchon seine spielerisch umgesetzte Idee hochmoderner Kulinarik auf traditionell französischer Basis, die wie selbstverständlich Gewürze aus aller Welt einbindet, sogar zur Vollendung, wie etwa bei dem Carpaccio vom Thunfisch mit Tintenfisch-Cannelloni oder der mit Gänsestopfleber gefüllten Taubenbrust und Blumenkohl-Couscous. Zu den in Limoncello marinierten Scheiben vom erstklassigen Thunfisch serviert Menchon Röllchen aus gepressten Spinatblättern, einen zarten Cannellone von der Sepia mit fein geschnittenem Hummer und ein Limonen-

risotto, auf dem als zusätzliches fruchtiges Aroma ein klares Gelee von Tomaten schmilzt. Und die mit weicher, aber eben nicht schmelzender Gänsestopfleber gefüllte und trotz ihrer Festigkeit fantastisch zarte Taubenbrust mit darübergestreuten, fein gehackten Trockenfrüchten und Walnuss ist ein Paradebeispiel für die Harmonie unterschiedlicher Produkttexturen und absolut stimmig kombinierte Aromen. Aber die dazu gereichte Cremolata, eine Art Pesto aus Kerbel, Zitronen- und Orangenschale sowie Knoblauch, und ein Couscous aus Blumenkohl in einer Brühe mit Gemüse und Kichererbsen als Beilage heben das Gericht in eine Dimension, die man nur ganz selten erleben kann.

Das sind nur zwei konkrete Beispiele, die Ihnen ein halbwegs aussagekräftiges Bild davon vermitteln sollen, was Sie auf den Tellern dieses Spitzenrestaurants erwartet. Wenn Sie kommen, wird sicher schon wieder etwas ganz anderes auf der Speisekarte stehen, so wie auch die hervorragenden Weine ständig wechseln, die von Vincent Moissonnier immer auf das Essen und den Gast persönlich abgestimmt werden. Der Besuch dieses Restaurants ist jedes Mal aufs Neue ein faszinierendes Erlebnis. Sogar im Vergleich mit internationalen Top-Restaurants ist Le Moissonnier ein funkelnder Solitär und ein Glücksfall für Köln.

L'Escalier

Brüsseler Straße 11
Telefon 205 39 98
www.lescalier-restaurant.de
Di – Fr 12 – 14 und 18.30 – 22 Uhr,
Mo/Sa 18.30 – 22 Uhr, So Ruhetag

Vorspeisen ab 14
Hauptgerichte ab 22
Menüs: 36
Visa, Mastercard, American Express, Ec-cash

Manchmal kann man die Vergleiche gar nicht weit genug herholen: In San Francisco gibt es ein kleines, mit Ausnahme von mir immer touristenfreies Restaurant namens Plump Jack Cafe, um das ich die Einheimischen beneide, seit ich zum ersten Mal dort war. Modern eingerichtet und trotzdem gemütlich, hervorragendes Essen à la Kalifornien, von professionellen Kellnern freundlich serviert, und eine erstklassige Weinkarte zu angemessenen Preisen.

Bis ich wieder dorthin komme, gehe ich ins L'Escalier, wenn die Sehnsucht zu groß wird. Denn was Melanie und Jens Dannenfeld seit Jahren in ihrem kleinen Souterrain-Restaurant im Belgischen Viertel mit großem Engagement auf die Beine stellen, ist das Gleiche in Grün, sprich: auf gut Deutsch. Jens Dannenfeld ist ein ebenso ambitionierter wie handwerklich versierter Koch, der mit seinem Team kein Gericht an die Tische schickt, das nicht äußerst sorgfältig und mit absolut frischen Produkten zubereitet ist. Dabei setzt er nicht in erster Linie auf Edelprodukte, sondern zeigt virtuos, auf welch hohes Niveau man auch Fleisch wie Ochsenbrust oder Gemüse wie grüne Bohnen und Blumenkohl heben kann. Die Ochsenbrust kam gleich als Vierfachvariation mit Steinpilzen: als Consommé mit Pilzwürfelchen, mariniert, gebraten und als Salat. Feine Schnibbelbohnen serviert der

Küchenchef zum Beispiel mit kleinsten Speckwürfelchen zu gebratenen Sardinenfilets, mit Bachforelle gefülltem Raviolo und Wolfsbarsch oder als moderne Version des norddeutschen Klassikers Birnen, Bohnen und Speck mit Jakobsmuscheln. Deren feiner Geschmack harmoniert wunderbar mit den pochierten Birnenscheiben, den bissfesten Böhnchen und dem knusprig-deftigen Akzent des kross gebratenen, hauchdünnen Speckstreifens. Die Garzeiten beim superzarten Eifeler Rehrücken stimmen ebenso wie bei der rosa gebratenen Lammkrone, die dunklen Saucen dazu sind intensive Jus. Selbst ein eher unscheinbares Gericht wie der perfekt cremig durchgerührte und mit Butter abgerundete Blumenkohlrisotto wird bei Dannenfeld zu einer bemerkenswerten Delikatesse durch einen raffinierten Sardellenknusper aus krossen Streuseln von Sardellen, Weißbrotbröseln und kleinen Röschen.

Dazu kommt der sehr angenehme und freundlich-kommunikative Service von Melanie Dannenfeld und ihrem Team, und die Chefin fischt immer den richtigen Wein aus der sehr kompetent zusammengestellten Auswahl. Kein Wunder also, dass über diesem Restaurant 2007 ein Michelin-Stern aufging.

Vendôme

im Grandhotel Schloss Bensberg
Kadettenstraße 2, 51429 Bergisch Gladbach
Telefon 02204-421940
www.schlossbensberg.com
Mi – So 12 – 13.30 und ab 19 Uhr, Mo/Di Ruhetag

Vorspeisen ab 34, Hauptgerichte ab 48
Menüs: 5 Gänge 135, 7 Gänge 168
Visa, MasterCard, American Express, Diners Club, Ec-cash

So langsam aber sicher wird es schwierig, der überragenden Kochkunst von Joachim Wissler sprachlich noch einigermaßen beizukommen. Der erst 45-jährige Chefkoch, von allen Gastronomieführern sowieso schon mit den höchsten Bewertungen ausgezeichnet, hat in seinen sechs Jahren im Bensberger Schloss eine derart rasante Entwicklung gemacht, dass man bei seinen Gerichten aus dem Staunen nicht mehr herauskommt. Wissler beherrscht nicht nur alle modernen Kochtechniken, die völlig neue Zubereitungsarten und Geschmackserlebnisse ermöglichen, sondern auch sämtliche Stilarten von der klassisch französischen Haute Cuisine bis hin zur von den spanischen Avantgarde-Köchen beeinflussten Kochmoderne, die bei jedem Gericht die unterschiedliche Textur der immer erstklassigen Produkte und die Balance der Aromen selbst bei den ungewöhnlichsten Zutaten berücksichtigt. Wie alle wirklich großen Köche hat Wissler daraus einen ganz eigenen Kochstil entwickelt, der unverwechselbar ist und ihn in Deutschland an die absolute Spitze der Kochelite gebracht hat.

Das könnten Sie bei einer Vorspeise wie Bachkrebse und Schweineschnäuzchen in Gelee mit Spitzkohl und Kreuzkümmelschaum erleben, wozu eine Waffel aus Roggenmehl und ein Wildkräutersalat gereicht werden. Wisslers Gänse-

lebervarianten wie die Kombination mit Zartbitterschoko-
lade und Banyulsgelee sind schon legendär, seine neuen
Kreationen geradezu spektakulär. Wenn er Thunfischbauch
im Eukalyptussud mit Gänselebereis, Sardellenchips, kleinen
Apfelwürfelchen und hauchdünnen Cassisblättchen serviert,
ist das nicht nur farblich ein Bild für die Götter, sondern hat
auch eine geschmackliche Dimension, die nicht mehr zu
übertreffen ist. Auch der bretonische Hummer mit Erdbeer-
salat, Mandelschaum und Lavendelöl, die mit Schuppen sehr
kross gebratene Rotbarbe mit einer »sphärischen« Schlan-
genbohne aus gelierter Bohnenessenz oder das iberische
Milchferkel mit Liebstöckel, Papayasalat und Champignon-
couscous sind herausragende Botschaften aus dem Küchen-
universum eines Meisterkochs, dessen Entwicklungsdrang
grenzenlos zu sein scheint.

Dass die Sommelière Romana Echensperger immer
einen hervorragenden Wein bereithält und zusammen mit
Restaurantchef Miguel Angel Calero sowie dem jungen Serviceteam die Gäste ebenso gekonnt wie locker und gastfreundlich verwöhnt, macht den Aufenthalt in dem sehr stil-
voll modern renovierten Restaurant endgültig zu einem
sinnlichen Erlebnis, zu dem es selbst in Europa nur wenig
Vergleichbares gibt.

Zur Tant

Rheinbergstraße 49
Telefon 02203 – 818 83
www.zurtant.de
Fr – Mi 12 – 14.30 Uhr und 18 – 22 Uhr, Do Ruhetag

Vorspeisen ab 17
Hauptgerichte ab 30
Menüs: 4 Gänge 65, 6 Gänge 85
American Express, Visa, MasterCard, Ec-cash

Hitze hin und Biergärten her, besonders im Sommer kommt irgendwann der Moment, an dem es mal eine Landpartie mit Essen in einem erstklassigen Restaurant mit aufmerksamem Service, ausgesuchter Weinkarte und feinen Gerichten sein darf. Das alles bietet die Tant nun schon seit mehr als 30 Jahren – verlässlicher als das hohe Niveau dieses Landgasthauses in Porz-Langel ist wohl nur, dass der Rhein direkt unterhalb des Balkons vorbeifließt, der Platz für 25 Gäste bietet.

Küchenchef Franz Hütter stammt aus der südlichen Steiermark, und das macht sich auch auf seiner Speisekarte bemerkbar. Besonders wenn der Küchenchef seine Varianten vom Wild serviert, bleibt kein Wunsch offen: allen voran das klassisch-österreichische Rehbeuscherl mit knusprigem Semmelauflauf, für das die Jäger das erlegte Reh mitsamt den Innereien abliefern – ein sahniges Ragout aus Herz und Lunge, gekonnt mit Weinessig abgeschmeckt und ein höchst seltener Genuss. Oder die herrliche, klare Kraftbrühe vom selben Tier mit Rehleberknödel, Sommertrüffeln und Pfifferlingen als Einlage, oder die Crépinette vom Rehbock mit wunderbar zartem Spitzkohl, in Ahornsirup sautiertem Apfel, Selleriepüree und einer tollen, hocharomatischen Sauce. Aber Franz Hütter kocht auch mühelos modern-international, weil er mit seinem klassisch orientierten Kochstil offen-

sichtlich jede Art der Zubereitung bis ins kleinste Detail souverän beherrscht und nur erstklassige Produkte verwendet. Dazu zählt sein schön dezent marinierter Hummer mit Kaiserschoten ebenso wie die hervorragende Saltimbocca vom Seeteufel mit knusprigem Schinken und cremigem Bärlauchrisotto zum Spargel oder das Kalbsbries zum sehr zarten Kaninchenrücken mit üppiger Sauce Albufera, die mit Gänseleber gebunden ist. Die exquisiten Terrinen wie von der Jakobsmuschel mit knackiger Garnele im Tempurateig gehören zu den Klassikern, ebenso die Varianten vom Kalbskopf und die üppigen Desserts.

Auf der Preisskala der deutschen Ein-Sterne-Restaurants rangiert die Tant, deren gutbürgerliche Einrichtung tatsächlich an den Verwandtenbesuch bei gut situierten älteren Damen erinnert, übrigens ganz am unteren Ende. So bleibt noch etwas Geld für einen der österreichischen Weine übrig, die Sommelier Mario Fitz kompetent empfiehlt. Da kommt dann zwar auf der Rechnung irgendwie doch wieder einiges zusammen, aber sei's drum: lieber hier den ganzen Abend gemütlich auf dem luftigen Balkon verbringen als zu früh wieder in die Stadt zurückzufahren. Und das Rheinpanorama gibt's auch durch die großen Fenster, wenn die Sonne nicht scheint.

Alphabetisches Register

Register nach Stadtteilen

Außerhalb Kölns

Bergisch Gladbach
Vendôme (Schloss Bensberg) 112

Erftstadt-Lechenich
Husarenquartier 104

Pulheim-Stommeln
Gut Lärchenhof 102

Mittags geöffnete Restaurants

Fotonachweis

Michael Bause	53, 55, 85
Udo Beißel	105
Max Grönert	13, 21, 35, 103
Christoph Hennes	39, 67, 83
Christian Knieps	41, 61, 99, 111
Csaba Peter Rakoczy	6, 23, 29, 49, 51, 59, 71, 81, 89
Stefan Worring	2/3, 10/11, 15, 17, 19, 25, 27, 31, 33, 37, 43, 44/45, 47, 57, 63, 65, 69, 73, 75, 77, 79, 87, 91, 93, 95, 96/97, 101, 107, 109, 113, 115

Erste Auflage 2008
© 2008 DuMont Buchverlag
Alle Rechte vorbehalten

Umschlagfoto: Restaurant Vintage, © Stefan Worring, Köln
Umschlagklappen: Kartografie Angelika Solibieda, cartomedia-karlsruhe

Lektorat Sophia Hungerhoff
Gestaltung Birgit Haermeyer
Produktion Marcus Muraro
Reproduktion PPP, Köln
Druck und Bindung Druckerei Uhl, Radolfzell

Printed in Germany
ISBN 978-3-8321-8085-0

www.dumont-buchverlag.de

Lust und Laune

1. A Caravela
2. Alcazar
3. Bobotie
4. Cheshmeh
5. El Inca
6. Greencard
7. Kleine Glocke
8. Konak
9. Osman 30
10. Plat du Jour
11. Plomari
12. Schreckenskammer
13. Thali
14. Tre Santi
15. Warung Bali
16. XII Apostel

Toll und Teuer

42. Alfredo
43. Börsen-Restaurant Maître
44. Gut Lärchenhof
45. Husarenquartier
46. La Société
47. Le Moissonnier
48. L'Escalier
49. Vendôme im Grandhotel Schloss Bensberg
50. Zur Tant

Gut und Gerne

17. Anselmos Lilakissimo
18. Artischocke
19. Bagutta
20. Balthasar
21. Brasserie Champ-Brune
22. Die Zeit der Kirschen
23. Elia
24. Em ahle Kohberg
25. Essers Gasthaus
26. Grande Milano
27. Guten Abend
28. Hase
29. Heising und Adelmann
30. Kap am Südkai
31. L'Accento
32. La Locanda
33. L'Imprimerie
34. Maybach
35. Osteria Toscana
36. Oyster
37. Paparazzi im Radisson SAS
38. Scampino
39. Thai Haus
40. Vintage
41. Wackes